THÈSE

POUR

LE DOCTORAT

UNIVERSITÉ DE FRANCE. — ACADÉMIE DE RENNES.

FACULTÉ DE DROIT

THÈSE POUR LE DOCTORAT

DROIT ROMAIN

Du Pouvoir judiciaire à Rome en matière criminelle.

DROIT FRANÇAIS

De la compétence des Tribunaux français quant aux crimes et délits commis à l'étranger.

(Commentaire des art. 5, 6 et 7 du *Code d'Instruction criminelle*, modifié par la loi du 27 juin 1866.)

Thèse soutenue le 14 Août 1873, à deux heures,

PAR

AMÉDÉE-RENÉ-JOSEPH CROUAN

SUBSTITUT DU PROCUREUR DE LA RÉPUBLIQUE A CHATEAUBRIANT

Né à Nantes, le 8 Juin 1848.

EXAMINATEURS :

MM. BODIN, doyen.
HUE,
DURAND, } professeurs.
DE CAQUERAY,
GUÉRARD, } agrégés chargés de cours.

NANTES

IMPRIMERIE JULES GRIMSARD, RUE DE LA FOSSE, 32.

1873.

A MON PÈRE — A MA MÈRE

A MA FAMILLE

A MES AMIS

DROIT ROMAIN

DU POUVOIR JUDICIAIRE A ROME

EN MATIÈRE CRIMINELLE

INTRODUCTION

Faire l'étude du pouvoir judiciaire à Rome en matière criminelle, c'est rechercher quelles ont été chez les Romains les juridictions chargées de la connaissance et de la répression des crimes, quelles étaient les lois de leur procédure, et comment se trouvait organisé, d'une manière générale, l'ensemble du système pénal de ce peuple, dont l'une des plus grandes gloires est d'avoir porté à son degré le plus élevé l'étude des lois et la science juridique.

Parmi les documents qui nous sont parvenus sur la législation romaine, on n'en trouve point qui traite d'une manière spéciale, et comme formant un corps de lois distinctes, des lois qui composaient le droit pénal des Romains. Ces lois se trouvent répandues dans les divers titres soit du Digeste, soit du Code. Au Digeste, le titre *De publicis judiciis* est celui qui paraît avoir plus spécialement ces matières pour objet.

En compulsant ces différents textes, on arrive à pouvoir embrasser dans une étude générale l'ensemble et le caractère de la justice criminelle à Rome. Pour faire cette étude nous nous placerons successivement sous chacune des trois grandes époques qu'on distingue dans l'histoire de la nation romaine : le pouvoir et les institutions judiciaires de Rome ont, en effet, toujours ressenti l'influence plus ou moins immédiate des changements qu'elle a subis dans sa constitution politique.

Nous diviserons donc notre travail en trois parties, dont la première comprendra la période des Rois, la seconde, celle de la République, la troisième, celle des Empereurs.

PREMIÈRE PÉRIODE. — LES ROIS.

Cette période n'offre, au point de vue juridique, qu'un très-faible intérêt. Rome est à son berceau. Son petit peuple, entraîné par son esprit belliqueux, et tout occupé de faire la guerre à ses voisins, n'a point encore organisé la justice. Quelques lois cependant sont déjà portées : le peuple réuni dans les Comices délibère sur les graves questions qui l'intéressent, et rend ces *lois curiales* dont il est mention dans les textes : *Et ita leges quasdam et ipse* (Romulus) *curiatas ad populum tulit* (¹).

Mais de lois criminelles, d'organisation judiciaire, on n'en peut découvrir aucun vestige : *Et quidem initio civitatis nostræ populus sine lege certa, sine jure certo primum agere instituit* (²). Le pouvoir judiciaire réside, comme tous les pouvoirs publics, dans la personne du roi qui retient tout en ses mains : *Omniaque manu a regibus gubernabantur* (³). Grand pontife et chef de l'armée, il est aussi le chef suprême de la justice; il juge seul et en dernier ressort ceux que la vindicte publique défère à son tribunal; la peine qu'il applique, n'étant établie par aucune loi, est toujours arbitraire; il prononce à son gré le châtiment qu'il juge convenable : *Quod ad magistratus attinet, initio civitatis hujus constat, reges*

---

(1) *Dig., De origine juris,* loi 2, § 2.
(2) *Dig., De origine juris,* loi 2, § 1.
(3) *Dig., De origine juris,* loi 2, § 1.

omnem potestatem habuisse (¹). Quelquefois cependant, lorsqu'il s'agit de la vie d'un citoyen, il laisse au peuple le soin de décider lui-même du sort du coupable. C'est ainsi qu'au rapport de certains historiens fut jugé le jeune Horace qui, rentré victorieux dans Rome après sa lutte contre les Curiaces, osa tuer sa sœur. (Cicéron, *Pro Milone, III.*)

DEUXIÈME PÉRIODE. — LA RÉPUBLIQUE

(An 245 de Rome.)

SECTION Iʳᵉ. — LES CONSULS.

Lorsqu'après l'attentat de Lucrèce, l'autorité royale eût cédé sous la pression de la volonté populaire, et que le peuple eût édifié la République sur les débris de la Royauté, les Consuls héritèrent tout d'abord du pouvoir arbitraire et absolu qui avait appartenu aux Rois : *Exactis deinde regibus, consules constituti sunt duo, penes quos summum jus uti esset, lege rogatum est* (²).

Comme les rois, ils ont le commandement de l'armée ; comme eux, ils sont seuls investis du droit de rendre la justice : la puissance judiciaire est exclusivement concentrée dans leurs mains. Leur pouvoir est sans limites ; ils peuvent même faire tomber la tête d'un citoyen, et l'on voit Brutus, l'un des deux premiers consuls, faire arrêter, et condamner lui-même à mort ses propres enfants qui avaient osé conspirer contre lui. Ce qui faisait dire à Cicéron que les consuls n'étaient en réalité que des rois dont les fonctions étaient seulement annuelles :

(1) *Dig., De origine juris,* loi 2, § 14.
(2) *Dig., De origine juris,* loi 2, § 16.

Tenuit igitur hoc in statu senatus rempublicam temporibus illis.......... uti consules potestatem haberent tempore duntaxat annuam, genere ipso ac jure regiam (¹).

Ce pouvoir exorbitant ne leur fut pas toutefois longtemps conservé. Le caractère fier et chevaleresque du peuple romain s'opposait à ce qu'il supportât cette sorte de despotisme judiciaire. « Leurs procédés, dit Montesquieu, dépouillés des » formes de la justice, étaient des actions violentes plutôt que » des jugements. Cela fit faire *la loi Valérienne* qui permit » d'appeler au peuple de toutes les ordonnances des consuls » qui mettraient en péril la vie d'un citoyen (²). »

SECTION II. — L'ASSEMBLÉE DU PEUPLE.

Peu de temps en effet après l'arrivée des consuls au pouvoir, vers l'an 246 de Rome, fut portée une loi *Valeria* qui leur interdit de frapper un citoyen d'une peine capitale sans la volonté du peuple : *Lege lata factum est...... ne possent in caput civis romani animadvertere injussu populi;* ils ne pouvaient lui infliger un châtiment qu'après en avoir appelé à l'Assemblée, *ut ab eis provocatio esset* (³), qui statuait elle-même sur le sort du coupable.

Cette loi *Valeria* porta donc un coup mortel à la toute puissance judiciaire des consuls, en leur enlevant le droit de juger les affaires criminelles et en l'attribuant aux *Comices par centuries.* Il faut noter d'ailleurs qu'elle ne s'appliquait qu'aux *citoyens romains : de capite civis romani;* que par conséquent le droit des consuls subsistait quant aux étrangers et quant aux esclaves. De plus, son action était circonscrite dans

---

(1) Cicéron, *De republica*, liv. II, § 32.
(2) Montesquieu, *Esprit des Lois*, liv. XI, chap. 18.
(3) *Dig., De origine juris*, loi 2, § 16.

un cercle assez restreint, s'il faut en croire du moins ce passage de Tite-Live : *Neque enim provocationem esse longius ab urbe mille passuum* (¹).

La loi des Douze-Tables vint, un demi-siècle plus tard, consacrer, en lui donnant une nouvelle force, la réforme judiciaire introduite par la loi Valeria. La table IX contenait en effet cette disposition: *De capite civis, nisi per maximum comitiatum, ne ferunto.* Ce qui signifiait « qu'on ne pourrait décider de la vie d'un citoyen que dans les grands états du peuple (²). » D'après cette disposition, les *Comices par centuries* demeuraient les Assemblées spécialement chargées de la connaissance des affaires capitales, *maximum comitiatum.* Les *Comices par curies* se trouvaient en effet en quelque sorte absorbés par les comices par centuries, qui avaient pour ainsi dire le monopole des affaires de toute nature, et auxquels notamment était échu le droit de statuer sur les accusations criminelles. Quant *aux Comices par tribus,* constituées dans leur origine comme assemblées spéciales d'un seul ordre de citoyens et destinées en principe aux délibérations politiques des plébéiens, l'usage, il est vrai, arriva à leur attribuer une part de la juridiction répressive; mais leur rôle se borna à juger les crimes qui n'entraînaient qu'une peine pécuniaire : la condamnation capitale ne pouvait résulter que *d'une loi.* Aussi n'est-ce que comme un fait unique et en dehors de toutes les règles judiciaires qu'on voit l'Assemblée plébéienne juger Coriolan et le bannir de la cité.

(1) Tite-Live, liv. III. § 20.
(2) Montesquieu, *Esprit des Lois,* liv. XI, chap. 18. — L'auteur semble toutefois donner ici un sens exclusif au mot *capite,* qui, dans son acception juridique, ne doit pas s'entendre seulement de la privation de la vie, mais aussi de la perte de la liberté et du droit de cité.

SECTION III. — LES QUESTIONS PERPÉTUELLES
ET LE PRÉTEUR.

En déférant aux centuries le droit de connaître des affaires criminelles, la loi *Valeria* donna indirectement naissance à une institution qui joua un rôle considérable pendant toute la durée de la période républicaine.

Déjà, à l'époque où cette loi fut rendue, la population romaine s'était considérablement accrue. Indépendamment des Romains d'origine, Rome s'était grossie de plusieurs petites nations vaincues que les vainqueurs avaient admises à la participation du droit de cité. La population s'augmentant, le nombre des crimes devint aussi, par une conséquence nécessaire, plus considérable; et la multiplicité des procès criminels s'accrut à ce point qu'à un certain moment les Comices, qui avaient par ailleurs à délibérer sur tant de questions et sur des questions d'un ordre si élevé, durent parfois renoncer à les juger eux-mêmes.

A cette raison venait s'en ajouter une autre : c'est que, parmi les infractions dont ils étaient appelés à connaître, « quelques-» unes, telle que la concussion, ne pouvaient guère, à raison » de la complication de faits qu'elles comportent souvent, et de » la nature des preuves qu'elles exigent, être soumises à l'exa-» men de la multitude (¹). » — Le peuple rendait alors une loi qui investissait par délégation soit le Sénat, soit les Consuls du droit de procéder à l'information judiciaire, et de prononcer la condamnation, si l'accusé était reconnu coupable.

Mais le Sénat et les Consuls eux-mêmes, en raison de l'importance et de la diversité des fonctions dont ils étaient revêtus,

(1) M. Bécot, *De l'organisation de la justice répressive aux principales époques historiques*, page 15.

ne pouvaient se consacrer à l'administration de la justice, sans que leurs attributions principales n'eussent à en souffrir. On en vint alors à un dernier parti : on créa des magistrats auxquels on délégua d'une manière spéciale la connaissance des affaires criminelles qui étaient portées devant l'Assemblée. Ces délégués du peuple reçurent le nom de *Quœstores parricidii* : *Propterea quœstores constituebantur a populo, qui capitalibus rebus prœessent : hi appellabantur quœstores parricidii, quorum etiam meminit lex XII tabularum* (1) : *quœstores*, expression parfaitement appropriée à la nature de leurs fonctions, puisqu'ils avaient pour mission de *rechercher* et de punir ceux qui commettaient des crimes ; quant à l'expression *parricidii*, qui signifie meurtre de son semblable (paris-cidium), elle n'a vraisemblablement été ajoutée au mot *quœstores* que pour désigner le crime que fut chargé de juger le *quœstor* qui reçut le premier cette délégation.

Du nom donné à ce magistrat instructeur fut tiré celui de la procédure à la direction de laquelle il était préposé, et l'on appela *quœstiones* les juridictions auxquelles la répression des crimes fut ainsi attribuée.

Ce qu'il y a d'important à noter, c'est la manière dont ces *quœstiones* furent constituées à l'origine. Elles ne furent point dès l'abord établies d'une façon permanente et chargées de connaître d'une manière générale des différentes infractions. Chaque fois qu'un crime venait à se commettre, l'auteur comparaissait devant l'Assemblée du peuple qui instituait alors, par une loi spéciale, la *quœstio* qui devait le juger ; mais cette *quœstio* n'était instituée que pour le cas particulier dont il s'agissait, de telle façon que, le jugement rendu et l'affaire terminée, ses pouvoirs disparaissaient, et, lorsqu'un nouveau crime venait à se produire, il fallait pour le juger une nouvelle délégation, une nouvelle loi établissant une nouvelle *quœstio*.

(1) *Dig., De origine juris*, loi 2, § 23.

— 13 —

Chacune de ces diverses *quœstiones* se trouvait établie avec ses règles propres et particulières. La loi qui l'instituait, en dé-signant celui qui devait remplir les fonctions de *quœstor*, réglait la procédure à suivre pour l'instruction du procès, déterminait la peine qu'il y aurait lieu d'appliquer en cas de culpabilité : cette peine, cette procédure pouvaient donc varier suivant les crimes.

Tel fut, dans le principe, le caractère de ces commissions. Mais, par la force des choses, ce caractère vint à changer. Il y avait en effet certains crimes, tels que l'homicide, le faux, qui se répétaient si fréquemment que le peuple était en quelque sorte journellement appelé à faire des délégations pour le juge-ment de ces infractions ; et l'on comprend qu'en fin de compte, à force de se répéter, chaque *quœstio* devait à peu près tou-jours établir pour le même crime la même procédure. Aussi en arriva-t-on, au bout d'un certain temps, à rendre ces déléga-tions permanentes, et ainsi se trouvèrent constituées les *quœs-tiones perpetuœ*. Suivant ce que nous apprend Cicéron, c'est à la loi *Calpurnia, De repetundis*, rendue en l'an de Rome 605, qu'on doit placer l'établissement des *questions perpétuelles :*
« *Quœstiones perpetuœ, hoc adolescente* (C. Carbon) *constitutœ*
» *sunt, quœ antea nullœ fuerunt. L. enim Piso, tribunus*
» *plebis, legem primus de pecuniis repetundis, Censorino et*
» *Manilio consulibus, tulit* (1). »

Les *quœstiones perpetuœ* n'étant que les *quœstiones* primitives rendues seulement permanentes, étaient exactement modelées sur celles-ci. Postérieurement à la loi Calpurnia, qui avait créé la *quœstio pecuniœ repetundœ* (crime de concussion), de nom-breuses lois en établirent successivement de nouvelles ; mais chacune de ces *questions*, dont la procédure était réglée par la loi qui l'organisait, était exclusivement appelée à juger un genre spécial de crimes : « Chacune d'elles n'avait compé-

____

(1) Cicéron, *Brutus, De claribus oratoribus*, page 27.

» tence que pour prononcer sur un seul genre de crimes, et
» prononçait sur tous les crimes du même genre (¹). »

C'est ainsi qu'il y eut la *quæstio ambitus* (an 635, loi Maria de Ambitu), brigue des magistratures; la *quæstio peculatus* (même année), détournement des deniers publics ; la *quæstio de majestate* (an 652, loi Apuleiæ majestatis), actes attentatoires à la majesté du peuple ; la *quæstio de vi* (même année, loi Luctatia), actes de violence contre les personnes. — Sous Cornellus Sylla , une première loi Cornelia organisa la *quæstio de Sicariis et Veneficiis* (672), par une seconde fut instituée la *quæstio de Falsis*. Une loi rendue sous le Consulat de Pompée, la *loi Pompeia* (701), établit une *quæstio* pour le crime de parricide (²).

Lors donc qu'il venait à se commettre un crime contre lequel il existait une *quæstio* organisée, l'instruction de l'affaire se portait devant celle qui était spéciale à cette sorte de crime : le coupable était jugé suivant les règles de la procédure établie; on lui appliquait la peine prononcée par la loi contre le crime dont il s'agissait.

Le système des *questions perpétuelles* marque une époque considérable dans l'histoire de l'organisation judiciaire de Rome au point de vue criminel. Ce sont en effet ces *questions perpétuelles* qui ont fait cesser cet arbitraire qui, depuis les premiers temps de Rome, existait dans la façon de rendre la justice. Désormais on n'avait plus à redouter ce pouvoir absolu du Roi , des Consuls qui vous jugeaient sommairement, et vous condamnaient à mort sans autre forme de procès. Désormais Rome était dotée d'institutions judiciaires permanentes devant lesquelles la justice suivait un cours régulier, et le coupable traîné devant les tribunaux ne pouvait pas accuser

(1) M. Bécot, *Organisation de la justice répressive*, page 46.
(2) Voir, pour tout ceci, *Instit.* liv. IV, tit. 18. — Dig. loi 1. ß. de publicis judiciis.

ses juges d'arbitraire, puisqu'il y avait des lois qui, en caractérisant le crime, déterminaient la peine qui en était le châtiment.

Ceci toutefois doit s'entendre avec une certaine restriction. Toutes les accusations criminelles n'étaient pas en effet portées devant la juridiction des *quæstiones perpetuæ*. Voici quelle était, en cette matière, la théorie romaine :

A l'origine, il n'y a point, à Rome, d'action publique et d'action privée, de délits poursuivis dans un intérêt général ou réprimés dans un simple intérêt particulier. Dans ces temps primitifs, l'action en réparation du crime est intentée absolument dans les mêmes formes et suivant les mêmes règles que les actions privées : c'est la partie lésée qui poursuit elle-même, qui actionne en réparation devant la juridiction civile l'auteur de l'acte qui lui a porté préjudice.

Mais ces peines, infligées uniquement dans un intérêt privé, n'auraient pas suffi pour maintenir l'ordre au sein d'un peuple habitué à l'usage de la force et des armes. Aussi, à mesure que la cité vint à se développer, la loi enleva successivement à la juridiction privée les attentats les plus graves. On institua alors, pour la répression de ces attentats, les *jugements publics* (1). D'où la distinction des *judicia publica* et des *judicia privata*.

De cette distinction en sortit une seconde : il y eut les crimes *capitaux*; c'était ceux qui emportaient condamnation à une peine entraînant la perte du droit de cité, *de capite civis*, c'est-à-dire la peine de mort, la déportation, les mines, l'interdiction de l'eau et du feu; et il y eut en regard les crimes *non capitaux*, c'étaient ceux qui n'entraînaient qu'une simple peine pécuniaire ou corporelle.

Or, les *crimes capitaux* étaient seuls poursuivis devant les *questions perpétuelles* par un *judicium publicum*. — Quant

(1) M. Faustin Hélie. *Histoire de la procédure criminelle*, n° 25.

aux crimes *non capitaux,* on suivait à leur égard une autre procédure : l'Assemblée ou bien jugeait elle-même le coupable, ou bien renvoyait par une délégation le jugement de l'affaire aux Consuls ou à l'un des préteurs. On revenait ainsi, dans ce cas, au système qui existait avant l'institution des *questions perpétuelles,* ou plutôt, quand il s'agissait de crimes non capitaux, l'ancien système continuait toujours à être suivi. Mais ce mode de procéder pour le jugement des crimes, n'était que l'exception. La règle ordinaire, *ordo judiciorum* en matière criminelle, c'était la *quæstio.* Et comme cette forme usitée pour les crimes non capitaux ne constituait qu'une procédure anormale, *extra ordinem,* on la désignait sous la dénomination de *cognitio extraordinaria,* de *judicium extraordinarium.*

Mais tous les délits non capitaux eux-mêmes n'étaient pas susceptibles d'être poursuivis *criminellement* par un *judicium extraordinarium.* On distinguait à cet égard entre *ceux qui emportaient infamie* et *ceux qui n'emportaient pas infamie :* les premiers seuls pouvaient donner lieu à une poursuite criminelle : *Cætera* SI QUAM INFAMIÀM IRROGANT *cum damno pecuniario, hæc publica quidem sunt, non tamen capitalia* (¹). Et il n'y avait à emporter infamie que ceux à l'égard desquels l'action privée, à supposer qu'elle fût exercée, eût elle-même été infamante : *nisi id crimen ex ea actione fuit, quæ etiam in privato judicio infamiam condemnato importat* (²). — Quant à ceux qui n'emportaient pas infamie, ils ne pouvaient être poursuivis que par un *judicium privatum,* par une simple action civile en réparation du dommage causé, action qui s'intentait devant la juridiction civile ordinaire.

Pour expliquer ceci, prenons un exemple. Soit, *verbi gratiâ,* l'action de vol manifeste, *furti manifesti.* La peine est du

(1) *Inst.,* liv. IV, tit. XVIII, § 2.
(2) *Dig., De publicis judiciis,* loi 7.

quadruple. Ce n'est qu'une peine pécuniaire ; le voleur ne peut donc être poursuivi par un *judicium publicum ;* mais il peut l'être par un *judicium extraordinarium ,* car l'action privée à laquelle le délit donne naissance est infamante ([1]), et par suite il en est de même de l'action pénale.

Notons ici en passant ce trait tout spécial à la législation romaine qui mettait aux mains de la partie lésée par un délit non-seulement une action civile en réparation du préjudice causé (*actio rei persequendæ*), mais aussi l'action publique elle-même, l'action *pœnæ persequendæ* tendant uniquement à la punition du coupable. Ces deux actions se fondaient aux mains de la victime du délit. Chez nous, au contraire, ce sont deux actions complétement distinctes : la partie lésée ne peut intenter que l'action civile, l'exercice de l'action pénale appartenant exclusivement au ministère public.

Ceci exposé, voyons par quel mécanisme l'action du pouvoir judiciaire était mise en mouvement et comment se trouvaient organisées les *questions perpétuelles.*

§ I. — DU DROIT D'ACCUSATION.

« A Rome, dit Montesquieu, il était permis à un citoyen » d'en accuser un autre. Cela était établi selon l'esprit de la » République, où chaque citoyen doit avoir pour le bien pu- » blic un zèle sans bornes, où chaque citoyen est censé tenir » tous les droits de la patrie dans ses mains ([2]). »

Ce droit d'accusation remis aux mains de tout citoyen quelconque est, en effet, l'un des grands caractères du droit criminel de Rome. Les Romains n'avaient point de magistrat spécial chargé, comme chez nous le ministère public, de rechercher et de poursuivre, au nom de la société, la répression des

[1] *Dig., De his qui notantur,* loi 4, § 5.
[2] *Esprit des lois,* liv. VI, chap. VIII.

crimes. C'était ordinairement le tiers lésé par le délit qui intentait l'action et déférait le coupable à la justice. Il y était du reste le premier intéressé, et rarement il devait manquer à ce devoir civique; car un sentiment naturel devait le porter à désirer le châtiment de celui qui lui avait causé préjudice. — Si, par un motif quelconque, la partie lésée restait sans poursuivre, ou bien s'il s'agissait d'un crime qui, sans blesser aucun intérêt privé, n'avait porté atteinte qu'à la chose publique, alors tout citoyen pouvait, s'armant du droit que la loi lui conférait, venir dénoncer l'auteur du délit et l'accuser publiquement devant la juridiction criminelle. Mais au cas où personne ne se présentait pour intenter l'action publique, le coupable était assuré de l'impunité; car les lois romaines n'admettaient point, comme celles d'Athènes, qu'un châtiment dût nécessairement frapper l'auteur d'un crime, et il n'entrait point dans l'esprit des Romains de désigner un *orateur du peuple* qui dût, à défaut de tout autre, soutenir l'accusation. Singulier système en vérité, qui, même chez le peuple le plus doué de vertu, présenterait toujours les plus grands dangers, et qui, sous les empereurs romains, aboutit d'ailleurs aux plus déplorables conséquences !

Quoi qu'il en soit, les choses étaient ainsi, et à Rome, on trouvait le système excellent.

Du reste certaines restrictions étaient apportées au droit d'accusation. — Il n'appartenait ni aux femmes, ni aux pupilles : *Prohibentur accusare alii propter sexum, vel œtatem.* Il était aussi dénié *propter magistratum :* un magistrat ne pouvait poursuivre devant son propre tribunal — *propter conditionem,* on ne permettait pas qu'un affranchi pût poursuivre son patron — *propter delictum,* l'individu noté d'infamie était privé du droit d'accuser un citoyen — *propter suspicionem calumniœ,* celui qui avait osé vendre son témoignage s'était rendu indigne du droit d'exercer l'action populaire — *propter paupertatem,* le droit d'accusation était refusé à celui qui possédait moins de cinquante sous d'or. Toutefois ces incapacités cessaient pour ces différentes personnes à l'égard des crimes qui les atteignaient directement ou qui frappaient leurs proches (1).

Quant à la manière dont l'action était portée devant le Tribunal criminel, elle était fort simple :

L'accusateur se présentait devant le magistrat, et là souscrivait l'acte, le libelle d'accusation. Un texte de Paul nous donne la formule de ce libelle. (*Dig.*, *De accusationibus*, loi 3.) Le dénonciateur y faisait connaître le crime qu'il entendait poursuivre, et la loi sur laquelle il fondait sa poursuite, y désignait celui contre lequel il se proposait de diriger son action, et enfin y prenait l'engagement de poursuivre l'accusation jusqu'à la sentence : *Perseveraturos se in crimine usque ad sententiam.* (*Dig.*, *De accusat.*, loi 7.)

Tout cela était exigé dans le but de bien faire comprendre à l'accusateur la gravité de la dénonciation qu'il faisait, et d'éviter ainsi les poursuites téméraires par la perspective des conséquences qu'une accusation calomnieuse pouvait entraîner pour son auteur.

§ II. — COMPOSITION DE LA *quæstio.*

Trois catégories de personnes concouraient à la composition de la *quæstio*. Il y avait d'abord le *quæstor*, auquel appartenait la direction de la procédure ; c'était lui, pour employer une expression qui rend exactement le caractère de ses fonctions, le *Président* du Tribunal criminel. Depuis l'établissement des questions perpétuelles, ces fonctions étaient confiées aux Préteurs ; il y avait un préteur pour chaque *quæstio*.

A côté du Préteur figuraient les *judices quæstionis*. C'étaient

____

(1) *Dig.*, *De accusationibus et inscriptionibus*, lois 1, 2, 4, 8, 9, 10, 11, 12, 13.

des jurisconsultes qu'on adjoignait au préteur et dont le rôle consistait soit à siéger à ses côtés comme assesseurs, soit à siéger à sa place à titre de suppléants, lorsque le préteur était dans l'impossibilité de siéger lui-même. Les préteurs, en effet, « n'étaient pas seulement des magistrats judiciaires, c'étaient » aussi des fonctionnaires militaires et des administrateurs ci- » vils, et lorsqu'après leur élection annuelle, ils tiraient au » sort entre eux les juridictions criminelles de Rome, ils se » partageaient de même le gouvernement des provinces. Ils » n'eussent donc pu personnellement suffire à rendre la justice. » Leur dignité aussi eût été incompatible avec les soins secon- » daires de cette charge; et d'ailleurs les connaissances spé- » ciales qu'elle exige *dans le détail eussent pu leur man- » quer (¹). » Les *judices quæstionis* étaient nommés par le peuple à l'élection.

La troisième catégorie de personnes appelées à composer la question, et celle qui jouait sans contredit le rôle le plus important dans ce tribunal, était celle des *judices jurati*. C'étaient en effet ces *judices jurati* les véritables juges du procès ; appréciateurs souverains du fait dont le tribunal était saisi, de leur décision dépendait le sort de l'accusé; c'étaient eux qui par leur verdict statuaient sur sa culpabilité ou son innocence. Le préteur ne faisait qu'appliquer la loi suivant la décision qu'ils rendaient : il condamnait à la peine édictée par la loi si le crime était reconnu constant; dans le cas contraire, il prononçait une sentence d'absolution. En d'autres termes le rôle des *judices jurati* était absolument celui des jurés dans nos cours d'assises, comme le rôle des préteurs et des *judices quæstionis*, celui de la cour elle-même. Ces juges-jurés étaient de simples citoyens choisis sur une liste dressée chaque année par le préteur urbain et affichée sur l'*Album* au milieu du *Forum*; le préteur ne devait y comprendre que les meilleurs

---

(1) M. Bécot, *Organisation de la justice répressive*, page 53.

citoyens : « *Prætores urbani, qui, jurati, debent optimum quemque in selectos judices referre* (¹). » — Le droit de siéger comme juré fut d'abord le privilége exclusif des sénateurs; mais l'ordre des chevaliers ne tarda pas à venir le leur disputer, et parvint même, en 632, à les dépouiller complétement de ce privilége qui devint, en vertu de la loi *Sempronia*, son apanage exclusif. Bref, après de nombreuses rivalités entre ces deux ordres, la loi *Aurelia* (684), finit par constituer d'une manière définitive la liste des juges-jurés, qui furent dès lors pris parmi les Sénateurs, les Chevaliers et les Tribuns du Trésor.

Il faut d'ailleurs noter que les jurés n'étaient point attachés d'une façon permanente à telle ou telle *quæstio*, mais étaient spécialement désignés pour chaque affaire par voie de tirage au sort ; ils devaient du reste toujours être agréés par les parties, auxquelles appartenaient le droit de récuser, lors du tirage au sort, ceux d'entre eux qu'elles jugeaient de leur intérêt de ne pas avoir pour juges. Il en était de même du reste des *judices quæstionis*, que le sort désignait aussi pour chaque affaire, et à l'égard desquels on avait également le droit de récusation.

§ III. — DES CARACTÈRES GÉNÉRAUX DE LA PROCÉDURE SUIVIE DANS LES QUESTIONS PERPÉTUELLES.

Il nous reste pour compléter l'étude des questions perpétuelles, à faire connaître quels étaient les traits généraux de la procédure suivie devant ces juridictions. — Ils se rapportent à trois choses : la publicité des débats, le caractère de la procédure, le système des preuves.

1° *Publicité des débats.* — Le grand principe qui domine toute la procédure de ces jugements, c'est celui de la publicité. Chez un peuple qui vivait de liberté, et pour lequel la pire de

(1) Cicéron, *Pro Cluentio.*

toutes les conditions était d'en être privé, le principe de la publicité devait être un principe essentiel, fondamental. Aussi le voyons-nous dominer tous les actes de la procédure. Le Préteur siége au milieu du Forum. Assis sur sa chaise curule et vêtu de la robe prétexte, assisté de ses licteurs, il est de tous côtés dominé par la foule des citoyens qui entoure comme d'une couronne l'enceinte de son tribunal : *corona consessus cinctus est* (Cic., *Pro Milone*, § 1). C'est sous les yeux de la multitude, si vivement attirée par le spectacle de ces luttes judiciaires, que se déroulent les débats à la suite desquels l'accusé est déclaré coupable ou renvoyé absous. Déjà, au préalable, la publicité la plus complète a présidé à tous les préliminaires du procès : c'est publiquement que l'accusateur a formulé son accusation ! c'est publiquement qu'il a été procédé à tous les actes de l'enquête ; c'est publiquement, devant cette foule attentive et anxieuse, que l'accusateur et l'accusé viennent tour-à-tour présenter, celui-là les charges sur lesquelles il fonde sa poursuite, celui-ci les moyens de défense qu'il oppose aux griefs de son adversaire. C'est encore publiquement que, les plaidoiries terminées et les témoins entendus, le préteur rend la sentence en proclamant à haute voix, devant tout le peuple réuni, la déclaration des juges. Partout, dans toutes les phases de la procédure, règne d'une manière absolue le grand principe de la publicité. Quoi de plus favorable au libre exercice du droit de défense ! Quel plus sûr garant de l'impartialité des juges !

2° *Caractère de la procédure.* — Comme une conséquence en quelque sorte du principe de la publicité, apparaît cet autre caractère de la procédure, qui était *exclusivement orale*. Tous les actes du procès étant publics, on ne considérait point qu'il y eût lieu de constater par écrit l'accomplissement des différentes formalités judiciaires, non plus que les indices, les charges, les moyens de preuve qui résultaient de l'enquête préliminaire ; cette instruction préalable se bornait à réunir, à grouper, sans les constater, les divers éléments de conviction tendant à établir la culpabilité de l'accusé, et c'était ensuite dans les débats devant les juges que les preuves ainsi rassemblées étaient produites pour la première fois; mais là encore tout était oral : les plaidoiries, la discussion, les témoignages.

3° *Système des preures.* — Quant aux moyens de preuve, on en admettait trois : les *preures écrites*, les *témoins*, la *question.*

Les preuves écrites, *tabulæ*, consistaient dans les différents documents émanés de l'accusé, de nature à justifier l'accusation dont il était l'objet ou pouvant servir d'indices pour arriver à la découverte de sa culpabilité : tels étaient, par exemple, les registres domestiques, *tabulæ accepti et expensi.* Dans certains procès, c'était le moyen de preuve le plus important. Ce fut le principal dont Cicéron se servit pour faire condamner Verrès.

Mais ce n'était pas celui qui était le plus en usage : la preuve par témoins, *testes*, était beaucoup plus fréquemment admise. A l'origine, le droit de produire des témoins n'appartenait qu'à l'accusateur; mais cette faculté fut plus tard étendue aux accusés, et nous voyons par une lettre de Pline, qu'à l'époque impériale ce droit ne leur était plus contesté. (*Lettres*, liv. VI, *epistola* 5.) Les témoins déposaient sous la foi du serment; mais ce qu'il y a d'important à noter, c'est que les juges n'étaient point tenus de se décider strictement d'après ces témoignages. Avant tout ils devaient écouter leur impression personnelle, et puiser dans leur conscience les éléments de leur décision. S'ils pensaient, par exemple, que certaines dépositions fussent faites sous l'empire de sentiments d'animosité, de vengeance, de cupidité (Cic., *Pro Fonteio*, cap. 9), ils n'étaient point liés par elles et devaient s'en rapporter à leur propre conviction sans s'attacher au nombre des témoignages : *Non numerantur sed penderantur.*

Mais de tous les moyens de preuve employés dans les procédures criminelles, celui qui mérite d'appeler le plus particulièrement l'attention, c'est l'usage de la torture, *quæstiones.*

La question était pratiquée dès les temps les plus anciens dans la législation grecque. Elle ne fut à l'origine exercée que contre les esclaves, mais elle était exercée contre eux, qu'ils fussent accusés ou simplement témoins. La loi, en effet, ne reconnaissait pas leur témoignage; elle n'admettait pas que des êtres déclassés et méprisables fussent susceptibles de prononcer un seul mot de vérité, si cette vérité ne leur était arrachée par l'épreuve des tourments. Réservée d'abord aux esclaves, la question fut bientôt étendue aux hommes libres, et les citoyens eux-mêmes n'échappèrent pas à la honte du supplice.

La torture passa dans la législation romaine. Comme en Grèce, elle ne fut d'abord appliquée qu'aux esclaves, et pendant toute la durée de la République ils y furent seuls soumis. A cette époque barbare où la force brutale était la grande loi des sociétés, où, comme dit Montesquieu, l'on ne connaissait pas cette vertu que nous appelons humanité (1), la torture n'apparaissait point avec son caractère souverainement injuste et odieux. Les esclaves, sortes de bêtes de somme, étaient-ils donc dignes du moindre sentiment de pitié, et l'application du supplice n'était-ce pas le seul moyen de leur arracher des aveux? N'était-ce pas par la douleur et la souffrance qu'on parviendrait à leur faire dire tout ce qu'on voudrait obtenir d'eux?

Et cependant, de l'aveu même des textes, il n'y avait pas de preuve plus dangereuse, plus incertaine, moins efficace : *Res est fragilis, et periculosa, et quæ veritatem fallat*, soit que certains patients eussent assez de courage et d'énergie pour se refuser, au mépris de tous les supplices, à dévoiler la vérité, soit que les autres, faiblissant devant la seule idée de la souffrance, préférassent mentir plutôt que de se voir exposer aux tourments. Mais vaille que vaille, on appliquait la torture;

(1) Montesquieu, *Grandeur et Décadence des Romains*, chap. XV.

aux juges d'apprécier la foi que méritaient les déclarations obtenues par de pareils procédés (¹).

Appliquée sous la République exclusivement aux esclaves, la torture devint, sous l'Empire, la loi commune des procès criminels : les citoyens n'en furent pas plus à l'abri que les esclaves, les témoins pas plus que les accusés. Lorsque la loi *Julia Majestatis* eut mis aux mains de l'Empereur cette arme redoutable derrière laquelle il pouvait à loisir se retrancher dans ses désordres et ses turpitudes, la torture devint l'instrument le plus terrible du despotisme impérial et des vengeances du prince; elle fauchait impitoyablement tous ceux que les délateurs poursuivaient de leurs lâches accusations; il suffisait de passer pour suspect pour se voir traîner au supplice : *Ad tormenta servorum ita demum veniri oportet, cum suspectus est reus* (²). Il n'y avait même aucune dignité, si élevée qu'elle fût, capable d'y soustraire : *Lege Majestatis nulla dignitas a tormentis excipitur* (³). A peine admettait-on, en matière de crimes de droit commun, quelques rares priviléges en faveur des familles sénatoriales, des décurions, des *milites*. (M. Faustin Hélie, n° 50.)

Après l'établissement du Christianisme, la torture sévit avec plus de rigueur que jamais contre les disciples de la nouvelle religion. L'histoire nous retrace le sanglant tableau des horribles supplices auxquels furent livrés les chrétiens victimes des persécutions; elle nous montre la torture pratiquée contre eux dans tous ses plus odieux raffinements. Mais en regard elle nous fait admirer le fier courage et l'invincible héroïsme des martyrs expirant au milieu des plus cruels tourments plutôt que de renier, par une coupable apostasie, la foi qu'ils avaient embrassée.

(1) *Dig., De quæstionibus*, loi 1, § 23 et 25.
(2) *Dig., De quæstionibus*, loi 1, § 1.
(3) Paul, *Sentences*, liv. V, tit. 29.

Lorsque le triomphe de la religion chrétienne est définitivement accompli, la torture ne disparaît point de la législation; l'esprit du christianisme ne pénètre qu'à petits pas dans les institutions judiciaires, et les empereurs chrétiens ne font que modérer l'application du supplice (¹). Il faudra de longs siècles encore pour que la torture disparaisse complétement de la procédure criminelle. On la verra, vers le treizième siècle, faire une nouvelle irruption dans la société du moyen-âge, et reparaître alors, dans l'épreuve par le feu et l'eau bouillante, comme le plus puissant moyen de conviction pratiqué contre les accusés. Elle sera ainsi exercée jusqu'au moment où les sentiments d'humanité, réveillés par les progrès de la civilisation, proclameront la barbarie de telles pratiques judiciaires, et où la conscience humaine, révoltée par l'injustice d'aussi odieux procédés, les frappera du sceau de l'infamie et les mettra pour toujours au ban des nations civilisées.

Telle était l'organisation des *questions perpétuelles*, ces grands tribunaux qui, pendant toute la durée de la République, ont été particulièrement chargés de la connaissance des affaires criminelles, et étaient, sous cette période, comme la personnification du pouvoir judiciaire à Rome.

Ce serait cependant une exagération de dire que le jugement des crimes leur était exclusivement attribué. Le *Sénat* exerçait aussi des attributions de justice criminelle. Ce n'était toutefois, il faut le reconnaître, que d'une manière exceptionnelle. Ainsi il avait spécialement la connaissance des *crimes politiques;* c'est à lui qu'il appartenait de statuer sur les attentats de cette nature. Gardien des intérêts de l'État dont le précieux dépôt lui était confié, il devait par dessus tout veiller à sa sécurité et le protéger contre les conspirations et les complots ; et lorsque la sûreté de la République se trouvait compromise,

______

(1) *Code Theod.*, loi 10, *De accusat.* — Loi 15, *De quæction.* — Loi 6, *De custodia reorum.*

il était de son devoir de faire lui-même justice en traduisant à sa barre ceux qui avaient osé mettre en péril le salut de l'État. C'est ainsi qu'il jugea Catilina. — En outre il connaissait de toutes les accusations capitales de droit commun dont l'Assemblée du peuple, par une délégation de sa puissance judiciaire, lui déférait le jugement.

TROISIÈME PÉRIODE. — L'EMPIRE

(An 723 de Rome.)

Le système des *quæstiones perpetuæ*, fut donc en vigueur et rigoureusement suivi pendant toute la durée de la période républicaine. Mais l'avénement du gouvernement impérial inaugura une ère nouvelle pour la justice.

Ce ne fut point toutefois par un revirement brusque et soudain que cette transformation s'opéra dans l'organisation de la justice criminelle à Rome, et pendant une assez longue période, sous le règne des Empereurs, les *quæstiones perpetuæ* furent, de fait, encore en vigueur. Mais on y arriva par degrés successifs et d'une manière insensible, par suite des entorses données à chaque instant par l'autorité impériale à l'ancien système; de degré en degré on en vint ainsi à abandonner d'une manière complète le système des *questions perpétuelles,* qui, par la force des choses, tombèrent en désuétude.

Le règne d'Auguste commença, sans plus tarder, l'œuvre de cette réforme judiciaire. Homme d'une profonde habileté, éblouissant le peuple par la concession d'apparentes libertés et lui prodiguant à profusion l'or et les fêtes, sachant de plus captiver le Sénat par une insinuante affabilité, ce prince était insensiblement parvenu à concentrer en ses mains toutes les branches de l'autorité souveraine. Il devint le chef suprême de la justice. Et dès lors on vit plusieurs juridictions se partager l'exercice du pouvoir judiciaire.

Ces juridictions furent : à Rome, celle du Sénat, de l'Empereur, du Préfet de la ville. — Dans les provinces, celle des Présidents de provinces.

SECTION I. — JURIDICTIONS CRIMINELLES A ROME.

§ I. — LE SÉNAT.

Sous la République, nous venons de le voir, le Sénat avait la connaissance spéciale des crimes politiques ; il avait de plus celle des crimes ordinaires dont le jugement lui était déféré par la délégation du peuple. Sous l'empire, sa juridiction prit une plus grande importance.

Sa compétence en matière politique reçut une nouvelle force, lorsqu'Auguste, par la loi *Julia Majestatis*, fit rentrer dans le crime de lèse-majesté tous les crimes politiques, et lorsque Tibère, peu de temps après, renouvelant cette loi, déféra d'une façon formelle au Sénat le jugement de ces crimes (1). Cette loi, qui donnait au prince une arme si terrible vis-à-vis de quiconque osait censurer ses agissements, qui punissait avec autant de sévérité que le crime consommé la simple pensée du crime, et qui allait jusqu'à condamner la mémoire du coupable, même après sa mort (*Inst.*, liv. IV., tit. 18, § 3), contribua considérablement au développement de la puissance judiciaire du Sénat. A partir de ce moment, en effet, il eut seul le droit de connaître de tout ce que la loi qualifiait crime de lèse-majesté ; on lui attribua même exclusivement le droit de connaître des

(1) Tacite, *Annales*, liv. I, 74.

crimes de brigue et de concussion (¹). — C'était en outre à lui seul qu'était déféré le jugement des affaires intéressant les sénateurs, leurs femmes ou leurs enfants.

Mais la juridiction du Sénat ne fut pas sous l'Empire d'une bien longue durée. Cette grande Corporation qui, composée des personnages les plus illustres de Rome, avait joué un rôle si brillant pendant toute la période républicaine, ne tarda pas à tomber peu à peu en discrédit. Il ne devint bientôt qu'un corps sans influence et sans autorité, constamment courbé aux pieds du prince, et préoccupé par-dessus tout de satisfaire ses désirs et ses volontés dont il n'était que le servile instrument. Par une conséquence nécessaire de cette décadence morale, son autorité judiciaire dut également tomber. Quel respect pouvait-on avoir pour les décisions d'une Assemblée que le prince achetait à plaisir, et qu'il convoquait pour délibérer sur le plat dans lequel on lui ferait cuire un turbot (²)!

§ II. — L'EMPEREUR.

Les premiers coups lui furent portés par la toute puissance impériale. L'Empereur, en effet, comme chef suprême du pouvoir s'attribua le droit de connaître de toutes les affaires criminelles; c'était un droit inhérent à son titre d'empereur, et qu'il était censé tenir, ainsi que tous ses pouvoirs, de la délégation du peuple : *populum ei et in eum omne suum imperium et potestatem conferat* (³).

A côté de la juridiction du Sénat se dressa donc bientôt, puissante et souveraine, la juridiction de l'Empereur; elle ne vint pas seulement lui porter ombrage, elle finit par l'absorber complétement. L'Empereur jugeait lui-même, et ses décisions

(1) Tacite, *Annales*, liv. XII, 59.
(2) Le fait est historique; il est attribué à Dioclétien.
(3) *Dig., De constitutionibus principum*, loi 1 præmium.

avaient l'autorité d'une loi : *quod principi placuit, legis habet vigorem* (¹). C'était d'ailleurs un droit dont il était libre d'user ou de no pas user. Ordinairement il no jugeait par lui-même que les affaires les plus graves, et laissait la connaissance des autres aux tribunaux, qui, suivant l'ordre do choses établi, d'après l'*ordo judicorum*, devaient naturellement en connaître, c'est-à-dire aux *quæstiones perpetuæ*. Souvent, lorsqu'il se réservait l'affaire, n'estimant pas la peine infligée par la loi suffisante, à raison des circonstances du crime, il portait une Constitution par laquelle il édictait une nouvelle pénalité. C'était déjà battre en brèche l'autorité des *quæstiones*.

Mais voici où le coup le plus grave était porté à cette institution : Lorsque l'Empereur, en vertu des pouvoirs dont il était revêtu, s'attribuait la connaissance de l'affaire, il jugeait *sans l'assistance de jurés;* il s'entourait seulement d'un Conseil qui composait son *Sacrum auditorium* et dont les membres étaient appelés à donner leur avis; mais la décision appartenait à l'Empereur. De sorte que, tandis que nous avons vu, sous le régime des *quæstiones perpetuæ*, deux éléments bien distincts concourir au jugement d'une affaire, l'élément chargé d'apprécier le fait et l'élément chargé d'appliquer la loi, à l'époque impériale cette distinction disparaît; l'Empereur cumule en sa personne ces deux attributions : il est juge du fait, et il applique la peine tout à la fois.

C'est surtout sous le règne d'Adrien que la juridiction de l'Empereur fut effective et sérieuse. C'est par cet empereur que ce conseil dont les princes avaient coutume de s'entourer pour juger les procès criminels fut rendu permanent. Et l'on sait quel éclat lui donnèrent sous ses successeurs les noms de ceux qui en firent partie; les Préfets du prétoire y siégeaient en effet au premier rang, et c'est à ce titre qu'y furent admis les jurisconsultes Papinien, Paul, Ulpien. Cet *auditorium* devint

---

(1) *Dig*, *De constitutionibus principum*, loi 1, præmium.

alors le véritable juge des procès déférés à la connaissance
de l'Empereur. Après avoir absorbé la juridiction du Sénat, il
dépouilla celles des préteurs d'une partie de leurs attributions :
la juridiction impériale régnait alors dans toute sa plénitude.

Mais à partir d'Alexandre Sévère, son importance commença
à s'amoindrir. L'Empereur, se trouvant trop assujetti sans doute
par l'exercice de ses fonctions judiciaires, cessa de se consacrer
au jugement des crimes ; il déléguait à des magistrats la connaissance des affaires qui étaient portées devant son tribunal.

§ III. — LE PRÉFET DE LA VILLE.

Cette réforme judiciaire, qu'une constitution de Dioclétien
vint consacrer vers l'an 294 (nous reviendrons tout-à-l'heure
sur cette constitution), détermina une troisième juridiction, celle
du *Præfectus urbi*. Tel était en effet le magistrat entre les
mains duquel l'Empereur déposait ses attributions de justice
criminelle. Institué dans le principe et dès l'origine la plus ancienne pour veiller, en l'absence des consuls, à la sécurité de
Rome, le préfet de la ville avait tout à la fois des fonctions
administratives et judiciaires. Sous les empereurs, et dès le
règne d'Auguste, son autorité judiciaire s'accrut insensiblement ; il prenait presque toujours part à la connaissance des
affaires qui se jugeaient *extra ordinem*, et lorsque l'Empereur
eût abandonné l'exercice du pouvoir judiciaire, c'est lui qui
reçut, à Rome, sa délégation. A ce moment sa juridiction
devint donc une véritable juridiction criminelle. Armé du *Jus
gladii*, il possédait les attributions les plus étendues : *Omnia
omnino crimina præfectura urbis sibi vindicavit* ([1]) ; sa compétence n'était pas même circonscrite dans l'enceinte de Rome,
elle rayonnait dans un espace de cent milles autour de la ville :
Si quid intra centesimum milliarium admissum sit, ad præ-

([1]) *Dig., De officio præfecti urbi*, loi 1, præmium.

fectum urbi pertinet (1). Telle était l'autorité de ses décisions qu'elles ne pouvaient être attaquées que devant le conseil de l'Empereur, et que dans certains cas même elles étaient sans appel (Cod. Théod., *De appellat.*, loi 23). Il jugeait assisté d'un conseil, d'un *Auditorium.*

En parlant du préfet de la ville, nous devons aussi dire un mot d'un magistrat qui avait une mission toute spéciale, le *Præfectus vigilum.* Créé par Auguste pour remplacer les *trium-viri*, suivant l'expression de Paul (*Dig., De officio præfecti vigilum*, loi 1), qui étaient chargés de surveiller les incendies pendant la nuit, son rôle semble avoir été tout d'abord limité à cet objet. Mais il n'y fut pas longtemps restreint. Obligé, suivant les textes, *per totam noctem vigilare*, il fut chargé de la répression des délits qui se commettaient la nuit. Il n'en était ainsi toutefois qu'autant que le délit n'avait pas de gravité ou qu'il avait été commis par une personne de basse condition. Car, dans le cas contraire, le préfet de la ville était seul compétent. (*Dig., loc. cit.*, loi 3, § 1.)

Tels étaient les différents magistrats auxquels appartenait, à Rome, l'exercice du pouvoir judiciaire en matière criminelle. — A qui ce pouvoir était-il confié dans les provinces ?

SECTION II. — JURIDICTIONS CRIMINELLES DANS LES PROVINCES.

S'il est difficile de déterminer quelle était sous la République, au point de vue de la justice criminelle, l'organisation des provinces, qui toutes avaient conservé leurs lois et leur administration spéciales, sous l'Empire leur constitution judiciaire apparaît nettement établie.

Il faut ranger à part la province d'Italie qui n'étant point, à

(1) *Dig., De officio præfecti urbi*, § 1.

proprement parler, considérée comme une province, né se trouvait pas sur le pied d'égalité avec les autres. Elle était en effet placée, dans un rayon de cent milles autour de Rome, sous la juridiction du préfet de la ville, et sous ce rapport elle se trouvait absolument assimilée à Rome elle-même. (*Dig., De præfecti urbi*, loi 1.) En dehors de ce rayon, la justice criminelle était rendue par le *legatus Cæsaris*.

Dans les autres provinces, le pouvoir judiciaire était exercé par les *Présidents de provinces, Præsides*, dénomination générale qui s'appliquait aux différents magistrats placés à la tête des provinces, quel que fût leur titre. *Proconsules, Legati Cæsaris, Rectores* ou *Correctores*.

Le Préside était le représentant de l'Empereur dans la province. Nommé par lui, il en était le délégué, et cette délégation l'investissait du *jus gladii : Qui universas provincias regunt, jus gladii habent* [1]. Investis par cette délégation du droit de rendre la justice au nom de l'Empereur, les Présides étaient les juges ordinaires des crimes : ils centralisaient ainsi la justice criminelle au chef-lieu de la province. Chefs judiciaires de leur province, ils devaient veiller au maintien de l'ordre public, *curare ut pacata atque quieta provincia sit, quam regit*, et la débarrasser des malfaiteurs qui y jetaient le désordre par leurs crimes, *malis hominibus provinciam purgare* [2]. Ils avaient à cet égard une compétence aussi large que possible et cumulaient les attributions des différents magistrats de Rome auxquels appartenaient des fonctions de justice criminelle [3]. Ce qui faisait dire à Ulpien qu'après l'Empereur c'était le Préside qui dans la province avait le plus de pouvoirs : *Præses provinciæ majus imperium in ea provincia habet omnibus post principem* [4].

(1) *Dig., De officio præsidis*, loi 6, § VIII.
(2) *Dig., De officio præsidis*, loi 3, § XIII.
(3) *Dig., De officio præsidis*, loi 2.
(4) *Dig., De officio præsidis*, loi 4.

Délégué du prince, le Préside jugeait comme lui, et de même que nous avons vu l'Empereur laisser de côté les *quæstiones perpetuæ* et suivre ordinairement pour le jugement des crimes la procédure *extra ordinem*, nous voyons aussi le Président de province, ne tenant aucun compte des règles ordinaires de l'ancienne procédure criminelle, tout à la fois se constituer juge du fond et appliquer la peine. Comme l'Empereur aussi, nous le voyons s'entourer d'une sorte de conseil qui lui prête son concours dans l'instruction des procès. Ce conseil n'est toutefois qu'un assez faible reflet de l'*Auditorium* impérial : le nom de *Judices pedanei* donné à ceux qui le composent indique assez que ce sont des magistrats d'un ordre inférieur : *Pedaneos judices, hoc est qui negotia humiliora disceptant, constituendi damus præsidibus potestatem* (¹).

Ainsi donc, de fait, le système des *questions perpétuelles*, était depuis longtemps abandonné. Depuis longtemps on ne tenait plus compte de la distinction si rigoureusement suivie sous la République des *quæstiones perpetuæ*. En fait, les anciennes formes criminelles n'existaient plus; la procédure extraordinaire régnait à leur place. — Une constitution de Dioclétien (an 294 de J.-C.) vint définitivement consacrer cet état de choses : « *Placet nobis*, porte cette Constitution, » *Præsides de his causis in quibus, quod non ipsi possent* » *cognoscere, antehac pedaneos judices dabant, notionis suæ* » *examen adhibere: ita tamen ut, si vel propter occupationes* » *publicas, vel propter causarum multitudinem, omnia hu-* » *jusmodi negotia non potuerint cognoscere, judices dandi ha-* » *beant potestatem* (²). » En vertu de cette constitution, les *Præsides* devaient désormais connaître eux-mêmes de toutes les causes qui seraient portées devant leur tribunal; ils ne pourraient plus à l'avenir, usant d'une faculté qui leur était

(1) Code, *De pedaneis judicibus*, loi 5.
(2) Code, *De pedaneis judicibus*, loi 2.

concédée jusque-là, confier aux *judices pedanei* le soin de juger les procès criminels : eux seuls devraient dorénavant en être les juges.

Sans doute, dans des circonstances graves, la rigueur de cette règle pourrait fléchir, et le Préside aurait encore le droit de remettre à des juges inférieurs la connaissance de l'affaire; « mais, dit M. Ortolan, le renvoi devant ces juges ne se fait » plus, selon le système formulaire, avec distinction du *jus* » et du *judicium......* C'est un renvoi de la connaissance » entière...... Ce qui était l'exception est devenue la règle, » toutes les procédures sont extraordinaires (¹). »

Disons enfin que les Présides étaient assistés dans l'exercice de leurs fonctions par certains magistrats subalternes. Parmi eux figuraient en première ligne les *Defensores civitatum*. C'étaient eux qui étaient chargés d'instruire les procès criminels; ils devaient aussi faire arrêter les malfaiteurs et les envoyer devant le gouverneur de la province. On finit même par leur attribuer la connaissance des infractions légères. Au-dessous d'eux il y avait les *Curiosi* et les *Stationarii*, dont la mission spéciale était de dénoncer aux tribunaux les crimes qui parvenaient à leur connaissance. (M. Faustin Hélie, *Histoire de la procédure criminelle, n° 78.*)

SECTION III. — DU DROIT D'ACCUSATION.

Sous d'autres rapports, de notables changements s'opérèrent encore sous le régime impérial dans l'organisation du pouvoir judiciaire.

Sous la période républicaine, ainsi que nous l'avons vu, le droit d'accusation appartenait à tout citoyen, et si l'Action populaire était un instrument remis aux mains de quiconque

(1) *Explic. Hist. des Instit.* Tome 1, n° 393.

voulait en faire usage, du moins les meilleures garanties étaient-elles prises pour en régler l'exercice et prévenir la légèreté des accusations. — Sous les empereurs ce droit d'accusation subit la transformation la plus complète. A cette époque de décadence morale, où ce qui restait des antiques traditions romaines se perdait au milieu d'une affreuse corruption, il eut été surprenant de voir l'Action publique conserver son caractère primitif. Une sorte d'indifférence, née sans doute de la démoralisation, avait comme étouffé ce zèle que, sous la République, les citoyens déployaient dans l'exercice de l'action populaire; leur ardeur pour ces luttes judiciaires où les plus grands orateurs étalaient avec tant de fierté l'éclat de leur talent, s'était elle-même éteinte. Tout semblait céder sous la pression du despotisme impérial. Par ailleurs l'abus que les Empereurs faisaient de leur pouvoir, la publicité qu'ils donnaient à leurs vices et à leurs turpitudes provoquaient de toutes parts de légitimes rumeurs. L'extension donnée, notamment par Tibère, à l'application de la loi *Julia Majestatis* permettait, il est vrai, de réprimer tout outrage fait d'une façon quelconque à la dignité de l'Empereur. Mais, comme il ne se présentait personne pour venir, à titre d'accusateur public, venger l'affront porté au nom de César, il fallut pourvoir à cette défection de l'action populaire. C'est alors qu'on institua les *Délateurs*, citoyens auxquels on confia la mission de rechercher et de poursuivre les crimes.

Cette institution d'un magistrat spécial chargé d'exercer l'Action publique, si elle introduisait une innovation radicale dans l'organisation de la justice criminelle, n'avait cependant en elle-même rien qui dût la faire accepter avec défaveur, et nous pouvons juger, d'après notre propre institution du Ministère public, des heureux résultats qu'elle aurait pu produire. Il en sortit au contraire les plus déplorables effets. « On vit » paraître, dit Montesquieu, un genre d'hommes funestes, » une troupe de délateurs. Quiconque avait bien des vices et

» bien des talents, une âme bien basse et un esprit ambitieux,
» cherchait un criminel dont la condamnation pût plaire au
» prince : c'était la voie ordinaire pour arriver aux honneurs et
» à la fortune (1). »

Vils courtisans du prince, perdus de cupidité autant que
d'ambition, ils pratiquaient un odieux système d'inquisition,
découvrant à plaisir des crimes et des criminels dans le but
d'obtenir les faveurs de l'Empereur, et de s'approprier les
biens de ceux qu'ils frappaient de leurs dénonciations (2). Les
Délateurs étaient, selon l'énergique tableau que nous en fait
Tacite, comme des oiseaux de proie se ruant sur tous ceux que
la fantaisie du maître leur indiquait (3) : « Ils provoquaient au
» crime pour avoir occasion de le faire punir, ou le sup-
» posaient dans des rôles concertés avec les témoins. Les con-
» damnations se multiplièrent au point que Rome fut parfois
» hébétée de stupeur. » (M. Bécot, page 103.)

Mais Rome, un instant écrasée sous l'infâme tyrannie des
Délateurs, finit par se révolter contre leurs odieux agissements;
devenus l'objet de la haine et du mépris publics, ils se virent
bientôt frappés eux-mêmes par des mesures sévères. On trouve,
en effet, dans le Code Théodosien, cette disposition : *Quiquis
ille est qui crimen interdit, in judicium veniat, nomen rei
indicet, vinculum inscriptionis accipiat, custodiæ similitudi-
nem, habita tamen dignitatis æstimatione patiatur* (4). — Une
autre loi porte encore : *Nunc sciendum est ut quisque negotii
criminalis strepitu terreatur, nisi inscriptione conscriptus,
et exhibitionis injuriam et rei conditionem sustineat* (5).

Les poursuites dirigées contre les délateurs mirent prompte-

---

(1) *Esprit des lois,* livre VI, chapitre VIII.
(2) Les Délateurs recevaient à titre de prime le quart des biens des
criminels d'Etat.
(3) *Annales,* liv. IV, par. 30.
(4) Code Théod.. *De accusat.,* loi 8.
(5) Code Théod., *De accusat.,* loi 12.

ment un terme à leurs ignobles procédés. Mais le souvenir de leurs accusations survécut à leur propre règne, et la honte qui s'attachait à leur nom rejaillit sur l'Action populaire elle-même. On ne trouva plus d'accusateurs. On sentit alors le besoin de remettre ce droit d'accusation entre les mains d'un magistrat spécial qui fût chargé de poursuivre, lorsqu'aucun citoyen ne se présentait plus pour exercer l'action publique : on fut ainsi amené à nommer des *accusateurs d'office*. Et quel magistrat fut préposé à l'exercice du droit d'accusation ? Ce fut le *Préside : Nam et sacrilegos, latrones, plagiarios, fures conquirere debet; et prout quisque deliquerit, in eum animadvertere* (1). — « On donna aux chefs des juridictions criminelles, dit M. » Bécot, c'est-à-dire aux Présides, le droit de poursuivre d'of- » fice, ou plutôt on le laissa prendre, ou plutôt encore la force » des choses le leur attribua. Lorsqu'un homme sans aveu » était surpris en crime flagrant, il fallait bien l'arrêter ; arrêté, » il fallait le juger. Se présentait-il un accusateur, le vœu » de la loi était rempli : ne s'en présentait-il pas, le Préside, » dans l'alternative de relâcher le coupable ou de se constituer » lui-même accusateur, prenait ce dernier parti. Et ce qui eut » lieu exceptionnellement, sous le coup de la nécessité, se gé- » néralisa et devint la règle (2). »

Le Préside était donc en même temps juge et partie poursuivante. Voilà sans doute qui nous paraît monstrueux, et ce serait pour nous une énormité d'attribuer au même magistrat le droit de poursuivre et celui de juger. Car chez nous c'est un principe fondamental qu'*on ne peut être juge en sa propre cause*. Il paraît que les Romains voyaient les choses d'un autre œil et nous devons leur rendre grâces de nous avoir laissé le mérite de l'institution du Ministère public. Nous serions cependant assez porté à voir, dans cette attribution donnée au Préside

(1) Dig., *De officio præsidis,* loi 13.
(2) M. Bécot, *Organisat. de la justice répressive,* page 105.

d'exercer d'office le droit d'accusation, l'origine première de cette Magistrature qui ne surgit que longtemps après, vers le milieu du quinzième siècle, au sein du Parlement français.

SECTION IV. — CARACTÈRE DE LA PROCÉDURE.

Cette innovation amena indirectement un changement assez notable dans le caractère de la procédure. Sous la période républicaine, où elle était essentiellement publique, nous l'avons vue, par une conséquence naturelle, exclusivement orale. Mais lorsqu'on eût déféré au Préside le droit d'accuser d'office, le principe de la publicité commença à recevoir quelque restriction. Le magistrat chargé d'instruire lui-même l'affaire sentit la nécessité de constater par écrit les preuves qu'il recueillait et de consigner dans des actes les différents interrogatoires soit de l'accusé, soit des témoins : personne, en effet, n'exerçant l'accusation, il fallait bien qu'il procédât seul, et il lui était dès lors impossible de poursuivre utilement son instruction, s'il ne gardait pas la trace de tous les actes de la procédure. On arriva ainsi à introduire dans les procès criminels les éléments de la procédure écrite qui se développa ensuite insensiblement.

Ainsi trois grands phénomènes juridiques caractérisent la période impériale : la substitution d'un magistrat unique à la juridiction des *questions perpétuelles,* le dépôt de l'Action publique entre les mains d'un magistrat permanent chargé de poursuivre d'office, lorsqu'il ne se présente pas d'accusateurs; l'introduction de la procédure écrite dans l'instruction des procès criminels.

C'est là le dernier état de la justice criminelle à Rome. Sous Justinien, l'absorption des anciennes procédures publiques par la procédure extraordinaire était un fait déjà depuis longtemps accompli. — De sorte qu'après un intervalle de dix siècles, nous retrouvons la justice criminelle ce qu'elle était à son point de départ, c'est-à-dire rendue par un seul magistrat. Mais pendant cet espace de temps quelles grandes choses Rome avait accomplies, quel génie judiciaire elle avait montré, quels orateurs elle avait produits, quelles admirables institutions elle avait enfin préparées pour les nations modernes!

DROIT FRANÇAIS

DE LA

COMPÉTENCE DES TRIBUNAUX FRANÇAIS

QUANT AUX CRIMES ET DÉLITS COMMIS A L'ÉTRANGER

PRÉFACE

Au début de notre étude, posons les trois hypothèses suivantes :

1° Un Français se trouve en pays étranger ; pendant son séjour dans ce pays, il y assassine *un autre Français*, ou bien il commet un vol à son préjudice ;

2° Au lieu d'un Français, c'est *un étranger* qui est atteint par le crime ou le délit.

Dans les deux cas, le coupable prend la fuite et revient en France sans avoir été puni par la justice étrangère ;

3° Un *étranger*, de concert, si l'on veut, avec des Français réfugiés dans son pays, conspire contre notre gouvernement.

Quelle est au regard de nos lois, dans ces différents cas, la situation du criminel ?

Telle est, au fond, l'unique question dont l'examen doit faire l'objet de notre thèse.

Le Code d'instruction criminelle, en 1808, ne l'avait point

résolue dans ces différentes applications. Au cours de ces grandes luttes où la France avait triomphé des plus puissantes nations d'Europe, le législateur ne s'était point montré favorable aux étrangers. Ainsi, tandis qu'il frappait, à son retour en France, le Français qui, sur un territoire étranger, avait offensé par un crime un citoyen français, il ne s'inquiétait nullement de réprimer l'acte délictueux, lorsque cet acte atteignait un étranger.

Il y avait donc à cet égard une lacune dans notre droit pénal. Cette lacune a subsisté jusqu'à ces dernières années : mais, en 1866, une loi dont l'idée depuis longtemps conçue avait échoué à plusieurs reprises, est enfin venue combler ce vide de notre législation criminelle, et, en donnant suite aux légitimes réclamations qui se produisaient de toutes parts, y introduire une disposition qu'exigeaient impérieusement les nécessités sociales.

Cette loi du 27 juin 1866 est ce qui doit faire l'objet particulier de notre étude ; c'est elle dont nous nous proposons de faire le commentaire. Examiner la législation du Code d'instruction criminelle de 1808 et en constater les vices ; rechercher les moyens qui s'offraient de remédier aux inconvénients résultant de l'état de choses établi par cette législation ; considérer si la loi nouvelle satisfait aux vues du législateur, et, en analysant ses dispositions, en apprécier la valeur, la portée, le caractère, telle est la marche qui nous semble naturellement indiquée pour arriver à notre but.

Nous diviserons notre travail en deux parties :

La première aura pour objet les *crimes et délits commis par un Français à l'étranger ;* nous y examinerons tour à tour, dans deux sections différentes, la législation du Code de 1808, et, celle de 1866.

La seconde traitera *des crimes et délits commis par un étranger, à l'étranger, contre la chose publique.* Nous aurons à y exposer la théorie de l'extradition.

PREMIÈRE PARTIE

DES CRIMES ET DÉLITS COMMIS PAR UN FRANÇAIS A L'ÉTRANGER.

SECTION I. — LÉGISLATION DU CODE DE 1808.

Notre point de départ est celui-ci :

Un Français réside à l'étranger ; il reçoit l'asile d'une puissance étrangère. Au mépris des lois de l'hospitalité, il commet un crime sur la personne ou au préjudice d'un citoyen du pays où il se trouve. — Quelle va être la situation de ce criminel ?

Sans aucun doute, la nation outragée aura le droit de le saisir, de le traduire devant ses tribunaux, de lui infliger un châtiment : c'est le droit de la légitime défense.

Mais supposons qu'avant qu'on ait pu mettre la main sur lui, il soit parvenu à quitter le pays, à passer la frontière, et qu'il ait regagné la France. Une fois là, va-t-il être en sécurité, va-t-il être à l'abri de toute poursuite, et n'y aura-t-il pas pour lui une autre sanction que le remords de sa conscience ou la honte de son crime ?

§ I. — INCONVÉNIENTS DE LA LÉGISLATION DE 1808.

Il faut le dire, sous l'empire du Code d'instruction criminelle, tel était l'état des choses, qu'il fallait forcément admettre celte déplorable situation et laisser dans l'impunité le coupable rentré en France.

L'art. 7, en effet, était ainsi conçu : *Tout Français qui se sera rendu coupable hors du territoire du royaume* D'UN CRIME CONTRE UN FRANÇAIS *pourra, à son retour en France, y être poursuivi et jugé, s'il n'a pas été poursuivi en pays étranger et si le Français offensé rend plainte contre lui.*

La loi ne réprimait donc les crimes commis par les Français à l'étranger que dans un seul cas : lorsque celui qui en avait souffert était lui-même *Français.* La nationalité de la victime était la condition *sine qua non* de la poursuite : on recherchait le criminel et on le punissait, s'il avait offensé un Français; mais eût-il commis le crime le plus abominable qui se puisse imaginer, lorsque c'était sur la personne d'un étranger, la loi ne s'occupait pas du méfait.

De sorte qu'on arrivait à ce déplorable résultat : d'un côté, le coupable, sorti du pays où il avait exécuté son crime, et ne se trouvant plus sur son territoire, échappait à la justice de ce pays, qui ne pouvait plus le saisir; d'un autre côté, la loi française ne pouvant le frapper qu'à la condition que la victime fût elle-même française, n'avait non plus aucun droit sur lui. Il échappait donc à toute répression.

Or, à quelles désastreuses conséquences conduisait une semblable législation !

Tout délit, tout crime, toute infraction quelconque à la loi pénale n'appelle-t-elle pas un châtiment et n'exige-t-elle pas une expiation ? Et n'est-ce pas une chose qui révolte la conscience que de voir un malfaiteur étaler aux yeux de la société le spectacle d'une scandaleuse impunité en jouissant paisiblement du profit de son crime? Qu'importe, après tout, la nationalité de la victime? Ce qui est bien, est bien partout, ce qui est mal l'est chez tous les peuples.

Et puis quel élément de démoralisation pour ceux qui l'entourent que la présence d'un criminel vivant dans l'impunité!

Au moins celui qui, après avoir failli, a expié sa faute en su-
bissant une peine, peut revenir à de meilleurs sentiments : le
souvenir des souffrances qu'il a endurées, la perspective de
celles qui l'attendent, s'il retombe, peuvent l'arrêter dans la
voie où il est entré et le ramener au bien : tel est du moins le
vœu du législateur. Mais que peut-on attendre de celui qui,
après avoir commis un méfait, a échappé à toute espèce de
châtiment? Ne sera-ce pas pour lui un encouragement à per-
sévérer dans la voie du mal? N'y a-t-il pas surtout à redouter
l'influence de ses mauvais exemples sur ceux qui sont autour de
lui? — « Il est intéressant pour la République, lit-on dans
» Jousse, de purger la province des citoyens qui la désho-
» norent par leurs crimes, ou du moins de les punir de quel-
» ques peines exemplaires, de peur que, ces mêmes crimes
» demeurant impunis, ceux qui les ont commis ne se portas-
» sent à en commettre encore de plus grands, et que leur
» exemple ne vînt à corrompre les autres citoyens (1). »

L'ordre social est donc évidemment intéressé au plus haut
degré à la punition du coupable.

Voici d'ailleurs ce que disait à cet égard un grand magistrat,
M. Laplagne-Barris. Dans une discussion à laquelle il prenait
part à la Chambre des pairs, il disait, avec toute l'autorité qui
s'attachait à ses paroles : « J'ai eu l'honneur de remplir pen-
» dant quatre ans les fonctions de procureur général dans un
» ressort qui embrassait soixante-dix lieues de frontières. Eh
» bien, il m'est arrivé non pas dix fois, vingt fois, mais beau-
» coup plus souvent de gémir des chaînes que m'imposait
» l'article 7 du Code d'instruction criminelle ; il m'est arrivé
» souvent d'être témoin de faits qui constituaient de véritables
» attentats à la morale publique, de faits qui étaient de nature
» à dégrader, à altérer la morale dans l'opinion du peuple,
» surtout de la classe inférieure, d'être forcé de voir des as-

(1) Jousse, t. I, page 423.

» sassins, des incendiaires, des empoisonneurs contre lesquels
» aucun magistrat français ne pouvait exercer le plus léger
» acte de poursuite, et qui avaient commis leurs crimes à
» quelques lieues du village où ils avaient établi leur domicile. »

Et il ajoutait : « Permettez-moi de vous citer un fait dont
» j'ai été témoin dans les derniers temps de mon exercice :
» Un Français, un monstre, habitait un village séparé par une
» ligne idéale d'un village prussien limitrophe, ayant fait partie
» de la France et qui avait cessé de lui appartenir. Il assassina
» dans le village prussien sa sœur et son beau-frère ; et je le
» laissai libre, se promenant insolemment dans les rues du
» village français, sans que personne osât lui adresser un
» reproche ; car violent, menaçant, il intimidait les popu-
» lations. »

Une législation qui admet de telles conséquences est évidemment une législation imparfaite, vicieuse ; elle réfléchit sur
la dignité même du pays qu'elle régit et qui la tolère.

Mais ce n'était pas seulement sous ce rapport qu'il y avait lieu
de critiquer le Code de 1808. Il présentait encore une autre lacune. L'art. 7, en effet, se préoccupait bien, au point de vue que
nous connaissons, du *crime* commis à l'étranger, mais il laissait
les *délits* complétement de côté ; ces infractions ne paraissaient
pas suffisamment graves pour devoir être reprises. Et pourtant,
le Code pénal à la main, ne trouve-t-on pas des délits qui sup-
posent chez leur auteur plus de perversité que certains crimes ?
Voici, par exemple (en prenant les choses à l'extrême), un
domestique qui vole à ses maîtres une malheureuse pièce de
cent sous ; la loi le punit de la réclusion : c'est un crime. —
Voilà, au contraire, un individu qui par des moyens fallacieux,
à l'aide de manœuvres frauduleuses qui duperaient les plus ha-
biles, arrive à escroquer une somme de mille écus ; il n'encourt
que la prison : c'est un simple délit. — Aux yeux de tout le
monde cependant, quel est le plus coupable ? Ce n'est pas assurément celui que la loi traite le plus sévèrement.

En définitive, délit ou crime, c'est toujours une infraction à la loi morale, un acte que réprouve et que condamne la conscience; cet acte, il est vrai, offre en général moins de gravité quand il s'agit d'un délit que quand il s'agit d'un crime; mais est-ce une raison pour exclure le délit d'une manière absolue et pour le dispenser de toute répression?

§ II. — TENTATIVES FAITES A DIFFÉRENTES REPRISES POUR RÉFORMER CETTE LÉGISLATION.

D'aussi graves inconvénients et d'aussi regrettables restrictions proclamaient donc à haute voix la nécessité d'une réforme. On n'était plus dans les circonstances au milieu desquelles s'était élaborée cette législation toute pleine des sentiments d'animosité qu'on nourrissait alors. Depuis cette époque les haines s'étaient apaisées, les rancunes étaient éteintes; il y avait au-dessus de tout cela un intérêt qui devait tout dominer : celui de la justice et de la morale qui ne pouvaient tolérer qu'il leur fût porté de telles atteintes. Il y avait aussi les besoins nouveaux de la société qui, avec le développement si considérable des relations internationales, venaient faire sentir plus vivement encore les vices d'un tel état de choses : la communauté d'intérêts qui unit les différents peuples, la solidarité qui existe entre eux exigeaient qu'on fît disparaître de la loi des distinctions que rien ne pouvait plus justifier.

Aussi, en remontant dans le passé, voit-on qu'une première tentative de réforme fut faite en 1843. A cette époque, la Chambre des pairs fut saisie, après un vote de la Chambre des députés, d'un projet de loi tendant à modifier plusieurs articles du code d'instruction criminelle, parmi lesquels se trouvaient l'article 7. Il fut alors reconnu en principe qu'il fallait effacer de la loi cette distinction entre le Français et l'étranger; et si, malgré cette opinion de la Chambre, l'art. 7 est resté tel qu'il avait été primitivement conçu, c'est que, compris par le projet de loi au milieu des autres textes dont on proposait la modification, il a dû subir le contre-coup du vote définitif qui rejetait le projet dans son ensemble.

En 1845, la question a été reprise; elle a été portée devant la Chambre des députés, qui, comme la Chambre des pairs, en en 1843, a constaté, par les conclusions de son rapporteur, M. Chaix d'Est-Ange, le besoin impérieux de ne pas prolonger plus longtemps les dangers résultant d'une pareille législation. On s'est alors adressé aux lumières des tribunaux; on a consulté la Cour de Cassation, les Cours d'Appel, les Facultés de Droit, et l'on peut dire que toutes ces grandes Compagnies ont été presqu'unanimes à reconnaître la nécessité de réformer sur ce point les dispositions du Code d'Instruction criminelle.

On pouvait donc espérer dès cette époque voir donner satisfaction à ce besoin social; il était permis de penser qu'en présence de pareils témoignages, la Chambre des députés n'eût pas manqué de consacrer par son vote une opinion dont l'autorité s'affirmait si énergiquement.

Mais les travaux de la Chambre se trouvèrent tout-à-coup brusquement interrompus par les événements politiques; dans cet affreux chaos, le projet de loi disparut, emporté comme tout le reste par le tourbillon révolutionnaire.

Reprise pour la troisième fois en 1852, l'idée de modifier sur ce point la législation criminelle donna lieu à un nouveau projet qui fut présenté au Corps législatif. Cette fois, la loi fut bien votée; mais au moment de la porter devant le Sénat, le gouvernement fut arrêté par une grave considération :

La loi, telle qu'elle avait été votée contenait, relativement aux étrangers, une disposition exorbitante. L'article 6 portait en effet : « Tout étranger qui, *hors du territoire de la France*, s'est rendu coupable d'un crime, soit contre la chose publique, *soit contre un Français*, peut, s'il vient en France, y être arrêté conformément aux lois françaises. » — Ainsi, tout étranger pouvait être poursuivi en France pour crime commis *dans son pays, même sur un simple particulier français.*

On conçoit qu'on regardât à deux fois à promulguer cette loi; car c'eût été une atteinte directe portée à la souveraineté des nations étrangères; c'eût été soulever leurs légitimes susceptibilités et provoquer leurs représailles : elles n'auraient pas accepté cette disposition.

On jugea donc nécessaire de l'examiner à nouveau; la loi fut retirée. Pourquoi ne l'a-t-on pas représentée plus tard, après lui avoir fait subir les modifications qu'il y avait lieu d'y apporter? Nous ne saurions le dire. Toujours est-il qu'après ces diverses tentatives de réforme, toutes infructueuses, les choses en étaient au même point, les nécessités sociales restaient toujours les mêmes, et les inconvénients résultant de cette législation se faisaient chaque jour sentir avec plus d'intensité.

§ III. — MOYENS DE REMÉDIER AUX INCONVÉNIENTS DE CETTE LÉGISLATION.

Quels moyens s'offraient de remédier à cet état de choses? — Il s'en présentait deux :

Ou bien abandonner la répression à la nation outragée, en lui reconnaissant le droit de demander l'extradition du coupable, et en accordant cette extradition.

Ou bien réserver le droit de poursuite à la juridiction exclusive des tribunaux français.

1er *moyen.* — Le système de l'extradition semble, au premier abord, parfaitement rationnel. En effet, peut-on dire, c'est sur le territoire étranger que le crime a été commis; c'est la nation étrangère qui a été offensée; c'est dans son sein que la sécurité sociale a été mise en péril, que l'ordre moral a été troublé; c'est donc là que l'exemple est nécessaire, là que doit se produire la répression. Dès lors n'est-il pas juste de reconnaître à cette nation le droit d'exiger qu'on lui livre le criminel qui s'est dérobé à ses poursuites ? — D'ailleurs, puisque c'est à l'étranger que le crime a été commis, est-ce que ce ne sont pas ces lois criminelles étrangères qui ont été transgressées, ces lois auxquelles le Français était soumis par l'effet de son séjour dans le pays où il se trouvait ? Est-ce que ce n'est pas, par une juste conséquence, d'après ces mêmes lois qu'il doit être jugé ?

Nous ne saurions méconnaître la portée de ces objections ; elles sont d'autant plus fondées qu'elles ne reposent pas seulement sur des arguments de raison, mais aussi sur des arguments de texte. — Un décret du 23 octobre 1811 a en effet admis l'extradition comme moyen de remédier à l'insuffisance du Code d'instruction criminelle. Ce décret est ainsi conçu :

« ... *Considérant que dans la question présentée il ne s'agit*
» *que de crimes commis par un Français hors de France et*
» *contre des étrangers ; que le Français prévenu d'un tel crime*
» *ne peut, lorsqu'il s'est réfugié en France, être livré, pour-*
» *suivi, et jugé en pays étranger que sur la demande d'extra-*
» *dition qui nous serait faite par le gouvernement qui se pré-*
» *tend offensé ; que si, d'un côté, il est de notre justice de ne*
» *pas apporter d'obstacle à la punition du crime, lors même*
» *qu'il ne blesse ni nous ni nos sujets, d'un autre côté, la pro-*
» *tection que nous leur devons ne nous permet pas de les livrer*
» *à une juridiction étrangère sans de graves et légitimes motifs,*
» *reconnus et jugés tels par nous :*

» *Notre conseil d'État entendu, nous avons décrété et décré-*
» *tons ce qui suit :*

» ART. 1er. — *Toute demande en extradition faite par le*
» *gouvernement étranger contre un de nos sujets prévenu*
» *d'avoir commis un crime contre des étrangers sur le terri-*
» *toire de ce gouvernement nous sera soumise par notre grand*
» *juge, ministre de la justice, pour y être par nous statué*
» *ainsi qu'il appartiendra.* »

Ce décret, tout en laissant au chef du gouvernement une

liberté d'appréciation pleine et entière sur les suites à donner à la demande d'extradition formée par une nation étrangère, admettait donc en principe le droit de former cette demande, la possibilité, par conséquent, d'y donner satisfaction.

On a prétendu, il est vrai, que ce décret a cessé d'être en vigueur. M. Faustin Hélie soutient qu'il a été implicitement abrogé par la charte de 1814 qui, dans l'un de ses articles, érige ce principe que : *Nul ne peut être distrait de ses juges naturels.* Mais c'est là, selon nous, qu'il nous soit permis de le dire, une doctrine erronée; car ce qu'il faut entendre par *juges naturels,* ce sont ceux qui, siégeant au lieu où se commet l'infraction, sont par là même en situation d'en apprécier mieux que personne les caractères et les circonstances; ce sont ceux qui auraient jugé le coupable, s'il était resté sur le lieu du crime. (Dalloz, *Rép. Traité international,* n° 282.)

Tel est au reste le sens accepté par M. Faustin Hélie lui-même; car, par une contradiction manifeste avec l'opinion que nous venons de faire connaître, il déclare en propres termes que *les juges du lieu de la perpétration du crime sont les juges naturels de l'accusé* ([1]).

On a soutenu encore que ce décret de 1811 était abrogé par la charte de 1830. L'art. 4 de cette charte porte en effet : « *Leur liberté individuelle (des Français) est également ga-* » *rantie, personne ne pouvant être poursuivi ni arrêté que* » *dans les cas prévus par la loi, et dans la forme qu'elle pres-* » *crit.* » — Donc, a-t-on dit, d'après cet article de la Constitution, le principe de la liberté individuelle est un principe inviolable : il n'appartient pas plus au chef de l'État qu'au dernier des particuliers de s'emparer de la personne d'un citoyen français; porter atteinte à sa liberté, ce serait porter atteinte à la Constitution.

Raisonner ainsi, c'est, ce nous semble, mal interpréter la

_____

([1]) *Tr. de l'inst. crim.,* tome II, n° 704.

Constitution. Que dit-elle en effet? Que nul ne peut être poursuivi *en dehors des cas précus par la loi.* Lors donc qu'on se renferme dans la sphère de son action, lorsqu'on arrête, lorsqu'on poursuit en vertu d'une disposition impérative ou permissive du législateur, on se tient dans les limites de la légalité, on ne porte aucune atteinte au droit constitutionnel. Or le décret de 1811 n'existait-il pas en 1830, ne figurait-il pas au nombre des documents législatifs, comme annexe au code d'instruction criminelle dont il avait pour but de combler une lacune? N'avait-il pas force de loi? Et dès lors ne doit-il pas conserver toute son autorité tant qu'une disposition contraire n'est pas venue le détruire et l'abroger?

En 1866, le décret de 1811 subsiste donc encore, avec son application possible, avec le droit pour le gouvernement d'accorder l'extradition d'un Français à la nation qui la demande.

Toutefois, si tel est le droit dans toute sa précision et dans toute sa rigueur, nous nous hâtons de dire que, bien que le décret de 1811 figure au rang des actes législatifs, il paraît n'avoir jamais été dans notre législation qu'une lettre morte, et semble être resté sans application; il n'est pas d'exemple que le gouvernement, usant du droit que lui conférait ce décret, ait accordé l'extradition d'un seul de nos nationaux (1).

En veut-on rechercher le motif? — Il est des plus graves. C'est qu'à côté de la question de l'intérêt social, il y a celle du droit de nationalité. Un gouvernement a pour devoir de protéger chacun de ses sujets. Il lui incombe sans aucun doute de lui infliger, lorsqu'il vient à faillir, la peine qu'il mérite; mais il lui incombe aussi de veiller à ce qu'il soit toujours placé, même lorsqu'il y a lieu de le supposer coupable, sous la protection tutélaire des lois. Il faut éloigner de lui l'arbitraire, la partialité, toute idée de vengeance; il faut qu'il soit jugé froidement, avec intégrité, sans aucun préjugé de nature à

---

(1) M. Faustin Hélie. — *Traité de l'Inst. crim.* Tome 2, n° 703.

pouvoir nuire à son sort. Eh bien, ne pourrait-il pas arriver que, livré à la justice étrangère, toutes ces garanties lui fussent enlevées? N'y aurait-il pas à craindre qu'il ne fut exposé à des formes arbitraires, à des procédures inconnues de notre législation, peut-être contraires à ses principes? Ne pourrait-il pas se faire, comme on l'a dit, qu'au lieu de se voir en France « entouré de ses parents, de ses amis, placé sous la présomption d'innocence et sous la protection de ses antécédents (¹), » il ne fût traîné devant les tribunaux étrangers, qui ne verraient que les lois de l'hospitalité violées, que la gravité de l'attentat commis, que la nécessité d'un châtiment sévère.

Au surplus, cela ne peut faire doute aujourd'hui. Car, comme le disait un ministre éminent dans une circulaire qu'il adressait aux chefs des parquets de France, c'est, en quelque sorte, une maxime du droit public de toutes les nations de ne pas accorder l'extradition de leurs sujets : « Les puissances, porte la circu-
» laire, ne consentent pas à livrer leurs nationaux ; il en résulte
» que la France ne peut réclamer que l'extradition d'un Fran-
» çais ou d'un étranger réfugié dans un pays autre que celui
» auquel il appartient (²). »

Ce principe est si universellement reconnu que tous les traités d'extradition en contiennent la consécration ; ils renferment tous en général une clause qui établit une exception en faveur des sujets des gouvernements contractants. Nous trouvons cette exception formellement exprimée, notamment dans la convention d'extradition passée entre la France et la Belgique, le 22 novembre 1834, et publiée le 19 décembre suivant, convention qui a servi en quelque sorte de type pour les autres. Il y est dit : Art. 1ᵉʳ : « Les gouvernements français et belge s'en-

<hr>

(1) *Discours de M. de Parieu,* séance du 31 mai 1866.
(2) Circulaire de M. le garde des sceaux Martin (du Nord), 5 avril 1841.

gagent, par la présente convention, à se livrer réciproquement, *à l'exception de leurs nationaux*, les individus réfugiés de Belgique en France ou de France en Belgique, et mis en accusation ou condamnés pour l'un des crimes ci-après énumérés... » — Nous trouvons la même restriction dans un traité du 10 novembre 1843, publié le 25 janvier 1844, entre la France et le grand-duché de Lucques, qui porte : Art. 1er. « S. M. le roi des Français et S. A. R. l'infant duc de Lucques s'engagent par la présente convention à se livrer réciproquement, *à l'exception de leurs nationaux*, les individus réfugiés, etc... »

Nous pourrions multiplier à l'infini les exemples. Qu'il nous suffise, pour compléter cette énumération, de mentionner deux des traités les plus récents : l'un, du 12 février 1869, promulgué le 17 avril suivant, additionnel à la convention d'extradition du 13 novembre 1855 entre la France et l'Autriche; — l'autre, du 30 décembre 1872, approuvé le 30 avril 1873, additionnel à la convention d'extradition du 13 juillet 1854 entre la France et le Portugal (1). Or, les deux conventions auxquelles se rapporte chacun de ces traités, portent l'une et l'autre la clause : *à l'exclusion des nationaux*.

La pratique vient donc justifier la doctrine, et ce que nous devons conclure de tout ceci, c'est qu'on devait rejeter, comme contraire aux principes de notre droit public, ce premier moyen qui s'offrait au législateur de modifier la loi existante, le *système de l'extradition*.

2e moyen. — Ce moyen écarté, reste le second : attribuer à la juridiction française la connaissance et la répression des crimes commis à l'étranger.

Lorsqu'on veut apprécier la valeur de ce second moyen, on se trouve immédiatement en face d'une sérieuse objection : — Quel est, pourra-t-on dire, le but de la peine? C'est de garantir

____

(1) *Journal officiel* du 9 mai 1873.

l'ordre social. On punit le coupable parce qu'il a commis une infraction aux lois, que cette infraction a jeté le trouble dans la société, et que toute infraction aux lois appelle une sanction qui mette la société en garde contre le retour d'actes qui, s'ils restaient impunis, la constitueraient sans cesse en péril. Conserver l'ordre social, voilà le but de la peine; l'expiation est le moyen nécessaire d'arriver à cette fin, parce que le spectacle du criminel qui expie sa faute est de nature à impressionner ceux qui ont été témoins de sa mauvaise action, et à les retenir dans la pensée qu'ils pourraient avoir de l'imiter. — Et, comme conséquence de cette idée, l'on arrive à dire que c'est là même où le mal a été commis que la répression doit avoir lieu; que la peine ne produit plus l'effet qu'on en attend lorsqu'elle est infligée en dehors du lieu du crime ou du délit.

Le principe de la territorialité de la loi pénale est en effet défendu par un grand nombre de jurisconsultes; c'est là, d'après eux, son caractère constitutif et essentiel.

On peut toutefois, croyons-nous, répondre victorieusement à cette objection.

Il se présente un premier argument. Le principe de la juridiction territoriale conduit à des conséquences désastreuses. Si on l'admet, en effet, il faudra souffrir cette déplorable situation que nous faisions connaître plus haut; il faudra tolérer ce malfaiteur dont nous parlions, ayant commis un crime dans des conditions peut-être tout particulièrement graves, ayant eu assez d'habileté et d'audace pour se soustraire à la juridiction qui seule pouvait le saisir, et se tenant là, à deux pas de la frontière, en parfaite sécurité, certain de rester impuni, n'ayant pas même à craindre d'être poursuivi. Il faudra le souffrir ainsi, vivant peut-être dans un bien-être qu'il n'eût jamais connu sans son crime, et cela parce que la loi pénale n'aurait pas d'empire en dehors du territoire où le crime est commis!

Est-il donc d'ailleurs vrai de prétendre que la loi pénale est de sa nature essentiellement territoriale? Mais ceux-là mêmes qui soutiennent cette doctrine en avouent implicitement l'inexactitude. De deux choses l'une, en effet : ou bien la territorialité est de l'essence même de la loi pénale, et alors tout fait commis hors du territoire français doit nécessairement échapper à la loi française ; ou bien on admet que certains faits commis au delà de nos frontières, tombent sous le coup de nos lois criminelles, et alors il n'est plus vrai de dire que la peine est essentiellement territoriale ; car une chose qui a une qualité essentielle ne peut pas se concevoir privée de cette qualité, ne fût-ce qu'un seul instant de raison. — Or, les adversaires du principe de la juridiction personnelle reconnaissent eux-mêmes que c'est avec raison qu'on étend l'application de la loi à certains crimes commis à l'étranger :

« L'opinion de Treilhard l'emporte, disait M. Ernest Picard
» (séance du 30 mai 1866) : le principe de la territorialité règne
» dans nos codes, *avec cette seule exception* que, quand nos
» nationaux sont eux-mêmes offensés par un crime commis par
» un Français, quand la présence de ce Français de retour en
» France en face de sa victime est un trouble social, alors la loi
» pénale permet de l'atteindre et de le faire juger par les tribu-
» naux. — *Une autre exception* a été introduite pour les crimes
» graves qui intéressent la sûreté de l'État, comme la fabrica-
» tion de fausse monnaie, la falsification du sceau de l'État. »

Lorsqu'on admet deux exceptions, on peut bien, ce nous semble, en admettre une troisième, sans que le principe en souffre plus d'ombrage !

En définitive, ce qui est vrai, c'est que la loi pénale n'est ni territoriale ni personnelle, ou plutôt elle est l'un et l'autre à la fois. Elle est territoriale, en ce sens qu'elle s'impose à quiconque réside sur le sol français ; elle est personnelle, en ce sens qu'elle peut recevoir application même au delà de la frontière, parce que même au delà de la frontière l'intérêt social peut se trouver compromis.

« Ainsi, voilà une bande de Français qui passe la frontière.

» Elle s'organise un atelier de fausse monnaie, un atelier de
» contrefaçon de billets de banque. Le fait se passe loin de
» nos yeux; personne ne conteste qu'il soit injuste ; mais n'est-
» il pas évident aussi qu'il menace la sécurité sociale et que
» dès lors nous pouvons l'atteindre, le frapper aussitôt que cela
» nous sera devenu possible par le retour en France des faux
» monnayeurs et des faussaires? Ce n'est pas même discu-
» table (¹). »

Cette opinion du reste est celle de l'un de nos plus grands
criminalistes. Voici en effet ce que dit sur cette question
M. Faustin Hélie :

« On prétend que la loi pénale est essentiellement attachée
» au territoire et nullement à la personne, puisqu'elle s'occupe
» de punir les actions, abstraction faite des individus, qu'elle
» s'applique indifféremment aux étrangers et aux citoyens, et
» qu'elle ne contient aucune règle spéciale pour ces derniers.
» Il nous semble qu'on tire de cette observation une consé-
» quence inexacte. La loi pénale, comme la remarque en a
» été faite dans les délibérations que nous avons analysées,
» est territoriale et personnelle à la fois. Elle est territoriale,
» en ce sens qu'elle saisit toutes les personnes, quelles qu'elles
» soient, qui se trouvent sur le territoire; elle est personnelle,
» en ce sens qu'elle suit les citoyens, même sur le territoire
» étranger; elle les suit pour régler leur *capacité morale,*
» comme le statut personnel règle leur capacité civile. La loi
» pénale n'est point une simple énumération d'interdictions et
» de défenses; elle pose les règles de conduite des citoyens ;
» elle leur enseigne quelles actions sont permises, quelles ac-
» tions sont prohibées ; elle trace leurs devoirs et leurs obliga-
» tions; c'est dans ses textes que se trouvent les conditions
» attachées à leur droit de cité, les garanties qu'ils doivent à
» la société ou qu'elle a dû leur imposer pour assurer sa con-

(1) Discours de M. Émile Ollivier, séance du 30 mai.

» servation. Or, comment admettre que ces règles morales se
» matérialisent en quelque sorte avec le territoire, et n'aient
» d'autorité que jusqu'à la limite de la frontière ? N'est-il pas
» de leur essence de s'attacher aux personnes qu'elles régis-
» sent et de les suivre perpétuellement ? Car comment com-
» prendre que ces personnes puissent changer de devoirs et
» de principes de conduite parce qu'elles changent de lieu (¹). »

Quelle réfutation plus éloquente peut-on trouver du système
que nous combattons que ces paroles de l'éminent jurisconsulte !

De son côté, la Cour de cassation n'était pas moins formelle, lorsqu'appelée à donner son opinion sur cette question,
elle disait, dans son Rapport, avec cette autorité qui s'attache
à toutes ses décisions : « Ce qui est vrai, c'est que le droit de
» punir au nom de la loi française ne peut s'exercer qu'en
» France ; ce qui est erroné, c'est que l'acte punissable,
» commis sur le sol étranger, ne puisse dans aucun cas être
» régi par cette loi. Là est la distinction essentielle à établir,
» la règle nécessaire à appliquer, non à titre d'exception, *mais*
» *avec toute l'autorité d'un principe :* d'un principe proclamé
» à l'envi par nos vieux publicistes, consacré par l'article 11
» du Code du 3 brumaire an IV, sorti victorieux, en vertu de
» cette force qui est en lui, de la résistance que lui opposèrent,
» lors de la discussion dont il fut l'objet au Conseil d'État, les
» Béranger et les Treilhard, et qui, chose remarquable, se re-
» trouve comme une vivante expression de la conscience univer-
» selle dans la plupart des législations contemporaines (²). »

C'est qu'en effet les nations civilisées n'ont pas hésité à
affirmer dans leurs Codes ce principe de la juridiction personnelle appliquée à la loi pénale. En dépit de toutes les doctrines
contraires, les différents États de l'Europe se sont dit que,
rejetant le principe de l'extradition à l'égard de leurs natio-

(1) *Traité de l'instruction criminelle*, t. II, n. 659.
(2) **Exposé des motifs.**

naux, il n'y avait pour eux qu'un moyen d'éviter le scandale
d'une impunité réprouvée par la morale et la conscience, c'était
de faire de la loi pénale, selon l'heureuse expression de
M. Faustin Hélie, *un statut personnel* qui suivrait le régnicole
à l'étranger comme il s'imposerait à lui dans son pays d'origine.

Devant ce sentiment unanime de l'Europe, la France ne
pouvait rester en arrière, sans manquer au rang qu'elle occupe
parmi les sociétés modernes. Et nous ne pouvons qu'applaudir
au mouvement qui a guidé le législateur, lorsqu'en 1866 il a
enfin mis un terme à un état de choses qu'on avait tant de fois,
mais vainement essayé de faire disparaître.

SECTION II. — LÉGISLATION DU 27 JUIN 1866.

Les motifs de la loi connus, nous avons à en étudier et à
en apprécier les dispositions.

Citons d'abord le texte.

TEXTE DE LA LOI.

ART. 5. — Tout Français qui, hors du territoire de la France,
s'est rendu coupable d'un crime puni par la loi française, peut
être poursuivi et jugé en France.

Tout Français qui, hors du territoire de France, s'est rendu
coupable d'un fait qualifié délit par la loi française, peut être
poursuivi et jugé en France, si le fait est puni par la législation
du pays où il a été commis.

Toutefois, qu'il s'agisse d'un crime ou d'un délit, aucune
poursuite n'a lieu si l'inculpé prouve qu'il a été jugé définitivement à l'étranger.

En cas de délit commis contre un particulier français ou
étranger, la poursuite ne peut être intentée qu'à la requête du
ministère public; elle doit être précédée d'une plainte de la

partie offensée ou dénonciation officielle à l'autorité française par l'autorité du pays où le délit a été commis.

Aucune poursuite n'a lieu avant le retour de l'inculpé en France, si ce n'est pour les crimes énoncés en l'article 7 ci-après.

Art. 6. — La poursuite est intentée à la requête du ministère public du lieu où réside le prévenu ou du lieu où il peut être trouvé. Néanmoins la Cour de Cassation peut, sur la demande du ministère public ou des parties, renvoyer la connaissance de l'affaire devant une Cour ou un tribunal plus voisin du lieu du crime ou du délit.

Art. 7. — Tout étranger qui, hors du territoire de la France, se sera rendu coupable soit comme auteur, soit comme complice d'un crime attentatoire à la sûreté de l'État ou de contrefaçon du sceau de l'État, de monnaies nationales ayant cours, de papiers nationaux, de billets de banque autorisés par la loi, pourra être poursuivi et jugé d'après les dispositions des lois françaises, s'il est arrêté en France ou si le gouvernement obtient son extradition.

Comme on peut le voir par la lecture du texte, les dispositions de la loi se rapportent à deux catégories d'actes bien distinctes : dans l'art. 5, il est question des crimes et délits ordinaires; l'art. 7, lui, s'occupe de ceux qui sont dirigés contre la chose publique.

Nous suivrons la même distinction et nous diviserons notre étude en deux chapitres : — Dans le premier, nous traiterons des *crimes et délits de droit commun;* dans le second, nous nous occuperons des *crimes et délits contre la chose publique.*

CHAPITRE I. — CRIMES ET DÉLITS DE DROIT COMMUN.

§ I. — DES CRIMES.

Les termes de l'art. 5 sont généraux; ils consacrent l'abolition de cette distinction que l'ancien texte établissait, et qui consistait à se préoccuper avant tout de la nationalité de la victime. Peut être poursuivi en France *tout Français qui, hors du territoire, a commis un crime réprimé par la loi française :* voilà ce que déclare le législateur; il ne considère plus la qualité de celui que le crime a atteint : français ou étranger, peu lui importe; le crime a, à ses yeux, la même gravité dans les deux cas, il exige la même répression; dans l'une et l'autre hypothèse il demande une poursuite.

A quelles conditions cette poursuite peut-elle se produire? — En analysant l'art. 5, on arrive à en établir trois. Il faut :

1° Que le crime qu'on poursuit soit puni par la loi française ;

2° Que l'inculpé n'ait pas été jugé définitivement à l'étranger.

3° Qu'il soit de retour en France.

1re *condition.* — Qu'il faille d'abord que le crime fasse l'objet d'une disposition de nos lois criminelles, cela va de soi. Qui est-ce, en effet, qui doit juger le coupable? Ce sont des magistrats français, des juges qui n'ont pour mission que d'appliquer la loi française. Ils sortiraient donc de leurs attributions, si, sous prétexte que le fait dont ils sont saisis est réprimé par la loi du pays où il a été commis, ils infligeaient à l'auteur du crime un châtiment qui ne rentrerait pas dans un cas rigoureusement prévu par notre Code pénal.

Ici toutefois on peut soulever une question.

En supposant, ce qui est parfaitement possible, que les deux législations édictent une pénalité différente contre le même crime, quelle est celle qui devra être appliquée ? Est-ce la loi française ou la loi étrangère?

Et ce qui préoccupe ceux qui soulèvent cette difficulté, c'est l'hypothèse où la loi française est plus rigoureuse. Admettons, par exemple, qu'elle prononce la peine de mort là où la loi étrangère n'inflige que les travaux forcés. Ne sera-t-il pas inique, pourra-t-on dire, ne sera-t-il pas exorbitant de faire monter sur l'échafaud ce criminel qui, s'il était resté sur le lieu de son crime, aurait eu la vie sauve?

Nous ne saurions, pour notre compte, nous laisser arrêter par une semblable objection. C'est en définitive devant le justice française que se trouve le coupable, c'est donc d'après la loi française qu'il doit être jugé. Il ne s'agit pas de savoir quelle peine il aurait encourue s'il était resté sur le territoire étranger, et s'il avait été jugé par la justice étrangère; il ne se trouve plus sur ce territoire, la justice étrangère n'a plus désormais aucune prise sur lui; c'est à la juridiction française et à elle seule qu'il peut avoir affaire, et cette juridiction ne peut le juger que d'après la loi du pays.

2ᵉ condition. — Comme seconde condition, l'art. 5 exige que le *coupable n'ait pas été définitivement jugé à l'étranger.* — Lorsqu'on connaît les motifs qui ont porté le législateur à modifier sur ce point le code d'instruction criminelle, on s'explique tout naturellement cette seconde condition. Quel était en effet son but ? — De suppléer à l'impuissance de la justice étrangère lorsqu'elle n'aurait pu s'emparer du coupable, et, en le saisissant à son retour dans sa patrie, d'éviter le danger résultant pour la société de son impunité.

Or, lorsque, traduit devant les tribunaux du pays dont il a violé les lois, il a expié sa faute par une condamnation devenue définitive, la justice est satisfaite ; on n'a plus rien à réclamer de lui. Il y a *chose jugée* à son égard ; et cette maxime, qui repose sur le principe de la justice et de l'humanité, s'oppose à ce que celui qui a une fois rendu compte de ses actes aux tribunaux, puisse leur être de nouveau déféré, à raison des mêmes faits : *Non bis in idem*. Ce principe, en matière pénale, n'est pas seulement vrai dans les limites d'un territoire, il domine toutes les législations. C'est de la plus stricte équité, car il serait souverainement injuste de pouvoir suivre à l'infini le criminel qui a payé sa dette à la société, et d'ailleurs on s'exposerait à voir rendre sur le même fait des décisions contradictoires.

Ce qu'il faut, pour arrêter la poursuite des tribunaux français, c'est *un jugement définitif* rendu à l'étranger. Peu importe d'ailleurs le résultat du jugement. Ainsi le Français acquitté par le tribunal étranger auquel il avait été déféré ne pourra pas être poursuivi, une fois de retour en France, si le jugement rendu en sa faveur est devenu définitif. Mais il pourrait parfaitement être traduit devant les tribunaux français si, les poursuites ayant été commencées à l'étranger, aucun jugement n'était encore intervenu au moment où il a quitté le territoire.

Il semble de même résulter de l'art. 5 que le droit de poursuite serait parfaitement ouvert au ministère public, si, après avoir été acquitté, il quittait le pays pour rentrer en France avant que le jugement prononcé eût acquis force de chose jugée.

Si la loi exige, pour entraver la poursuite du ministère public, qu'un *jugement définitif* ait été prononcé, elle n'exige toutefois que cette condition. On doit par conséquent décider que celui qui, après avoir été définitivement condamné, aura réussi à se soustraire par la fuite à l'exécution de sa peine, sera à l'abri de toute action de la part de la justice française.

— Il est peut-être permis, à un certain point de vue, de déplorer ce résultat, et de regretter que le législateur n'ait pas en outre exigé que le condamné ait subi ou prescrit sa peine. Car on peut dire alors que celle qui lui a été infligée est absolument illusoire, et que la société n'a pas obtenu satisfaction. Mais cette exigence ne pouvait s'allier avec la rigueur des principes : le coupable ayant été déjà jugé et définitivement jugé pour un crime, les tribunaux français restaient dessaisis du droit d'en connaître, *non bis in idem*, sans avoir même qualité pour faire exécuter la condamnation prononcée.

3ᵉ condition. — La troisième condition exigée par notre article est celle *du retour de l'inculpé en France*. On peut dire que c'est là la condition fondamentale de la poursuite. Il est bien certain en effet, que tant que le coupable se trouve dans le pays où il a commis son crime, les tribunaux français ne peuvent en aucune façon prétendre à sa répression. A quel titre le pourraient-ils? Tant que le Français réside sur un territoire étranger n'est-il pas sous l'empire de cette maxime universelle *que les lois de police et de sûreté obligent tous ceux qui habitent le territoire?* Est-ce qu'en vertu de ce principe ce n'est pas au pays offensé seul qu'appartient la répression, tant que le prévenu continue d'y résider? Du reste, comme nous l'avons déjà dit, ce n'est qu'au moment de son apparition au sein de la société française que sa présence devient dangereuse, et ce n'est qu'à ce moment que l'exemple est nécessaire.

Ainsi ce qui établit la compétence de la justice française, c'est le retour de l'inculpé en France ; elle supplée alors dans son impuissance la souveraineté de l'État au sein duquel le crime a été commis, en exerçant à son défaut une poursuite qu'il ne peut plus exercer et que l'ordre social exige.

§ II. — DES DÉLITS.

Soucieux de poursuivre jusqu'au bout l'œuvre de réforme qu'il se proposait d'accomplir, le législateur de 1866 a voulu combler la lacune que présentait sous le rapport des délits la législation de 1808. Il a compris quels inconvénients il y avait,

tandis qu'on poursuivait les crimes, à faire exception pour les délits; il a pensé qu'en raison de la gravité que présentent certaines de ces infractions, il était dangereux de les laisser de côté, et qu'il était conforme à l'intérêt de la société de se prononcer en principe pour la répression des délits comme pour celle des crimes. En conséquence, il a inséré dans l'article 5 cette disposition : « *Tout Français qui, hors du ter-*
» *ritoire de France, s'est rendu coupable* D'UN FAIT QUALIFIÉ
» DÉLIT *par la loi française, peut être poursuivi et jugé en*
» *France.* »

Le principe une fois admis, il s'agissait d'en régler la portée et d'en déterminer la véritable étendue. Fallait-il admettre les délits sur le pied d'égalité avec les crimes, en décidant que, de même que tout crime, tout délit commis à l'étranger serait frappé par la loi? Ne devait-on pas au contraire, en raison même de la différence qui sépare ces deux espèces d'infractions, établir une ligne de démarcation entre elles? Si l'on s'arrêtait à ce dernier parti, quelles bases adopter pour régler la poursuite des délits et à quelles conditions la subordonner? — Telles étaient les diverses questions dont l'examen s'offrait au législateur.

On comprend quo, sur le premier point, l'hésitation fût possible. On avait vu les inconvénients d'une législation qui ne réprimait aucun délit; par une tendance naturelle, on devait se laisser porter à vouloir les réprimer tous. Telle avait été la pensée primitive des jurisconsultes chargés d'élaborer le projet de loi. Dans son rapport, M. le conseiller d'État Langlais l'exprimait en ces termes : «......... La répression des délits
» commis à l'étranger est donc un besoin impérieux de l'ordre
» public, et le moyen le plus propre d'y donner satisfaction,
» c'est de consacrer dans la généralité le principe de la compé-
» tence en réglant la poursuite par de sages dispositions. —
» Tels sont les motifs qui ont déterminé le gouvernement à
» vous proposer de soumettre à la juridiction de nos tribunaux *tous*

» *les délits,* comme tous les crimes, commis par les Français
» à l'étranger (¹). »

Ainsi le Conseil d'État se prononçait pour la répression pure
et simple de tous les délits commis à l'étranger. Par ailleurs
les conditions de la poursuite étaient les mêmes que pour les
crimes : pour qu'elle fût possible, il fallait, comme nous l'avons
vu plus haut, — 1° que le délit fût puni par la loi française ;
— 2° que l'inculpé n'eût pas été jugé définitivement à l'étranger ; — 3° qu'il fût de retour en France.

Présenté dans ces termes au Corps législatif, le projet parut
exagéré. On observa que s'il était dangereux de considérer
les délits comme trop peu graves pour nécessiter une répression lorsqu'ils étaient commis en dehors des frontières, il n'é-
tait pas non plus sans inconvénients de les atteindre tous, sans
tenir compte de leur gravité plus ou moins grande, des conséquences qu'ils pouvaient avoir pour l'ordre public, de l'inten-
tion de l'agent. Et l'on s'arrêta à cette idée qu'il fallait observer
une certaine réserve dans leur poursuite ; que, s'il était nécessaire d'atteindre les uns, il fallait négliger les autres ; qu'il y
avait lieu de faire à cet égard une détermination, et d'indiquer
d'une manière limitative ceux qui devraient être atteints, ceux
qu'au contraire il faudrait exclure.

Mais si l'on était d'accord pour reconnaître la nécessité de
procéder par voie de détermination, on se trouvait en présence
de difficultés sérieuses lorsqu'on en venait à rechercher le mode
suivant lequel cette détermination devait s'opérer.

Un premier moyen fut proposé. Il consistait à parcou-
rir la liste des différents délits prévus par le Code pénal
et à choisir dans ce nombre ceux auxquels la loi attribuait
le plus de gravité ; et, dans ce système, les plus graves
étaient ceux qui, frappés d'une peine de cinq ans de prison
au *maximum,* ne comportaient pas l'application d'une peine

____

(1) Exposé des motifs.

inférieure à une année d'emprisonnement comme minimum.
Ainsi, dans ce système, devait tomber sous le coup de la loi
tout délit qui serait passible d'un emprisonnement d'une année
au moins, cette peine pouvant même s'élever jusqu'à cinq ans ;
tout délit frappé d'une peine descendant au-dessous d'une année
devait échapper à la répression.

L'honneur de ce système revient à la Faculté de droit de
Paris qui, en 1847, lorsqu'elle était consultée par les Chambres,
le formulait ainsi dans son rapport présenté par M. Ortolan :
« ... La Faculté, qui a examiné avec grand soin toute cette
» série de délits, pense que le moyen le plus simple et le plus
» exact est de prendre pour limite un autre degré de pénalité,
» et il lui a semblé que cette limite serait convenablement placée
» si l'on bornait la poursuite aux délits contre lesquels nos lois
» prononcent un emprisonnement, soit d'un an ou au-dessus
» en minimum, soit de cinq ans en maximum : ce qui compren-
» drait les délits correctionnels dont la nature est la plus grave,
» et qui peuvent donner à la seule présence du délinquant un
» caractère véritablement alarmant (¹). »

Tout en reconnaissant à ce système l'autorité incontestable
que lui donne la source dont il émane, nous ne pouvons cependant nous empêcher de dire qu'en pratique il est difficile de l'admettre ; car il arrive à laisser impunis un certain nombre de
délits qui, au point de vue moral, ont un caractère de gravité
qui n'est contesté par personne et qu'on peut même ranger
parmi les plus gros délits. Ainsi, les coups et blessures volontaires, dans le cas de l'art. 311, sont punis d'un emprisonnement qui peut n'être que de six jours et qui ne peut excéder deux
ans. L'outrage public à la pudeur, l'adultère n'entraînent qu'un
emprisonnement de trois mois à deux ans ; l'abus de confiance,
qu'une peine de deux mois à deux années de prison. Dans tous
ces cas on se trouve donc en dehors des limites proposées par
la Faculté de Paris. Et cependant qui peut nier la gravité de ces

(1) Séance du 30 mai 1866. Discours de M. Em. Ollivier.

délits, et méconnaître le danger qu'ils offrent pour la société, lors même qu'ils sont commis à l'étranger ?

Un autre parti pouvait se présenter :

C'était de prendre successivement les délits, d'en faire une nomenclature, de les examiner un à un, et, en prenant ainsi à part chacun d'eux, de rechercher, d'après leur nature et leur caractère, l'intérêt que la société pourrait avoir à les réprimer.

En théorie, cette doctrine n'a sans doute rien que de très-acceptable. Mais, comme le système précédent, celui-ci devait échouer devant les exigences de la pratique. Ne voit-on pas en effet combien il eût été dangereux d'admettre ce système d'énumération, ce procédé de nomenclature, et ne s'exposait-on pas, en l'admettant, à se voir obligé de constater que tel délit qu'on aurait dû prévoir avait été laissé de côté, et ne pouvait par suite être puni ? C'est cet inconvénient que signalait M. Luhonis, l'un des commissaires, quand il disait au cours de la discussion : « Il n'a pas été possible d'arriver à un classement. » La commission s'est préoccupée de cette question ; elle a » examiné la plupart des délits avec l'attention la plus scrupu- » leuse, et, après un examen qui a duré plusieurs séances, elle » est arrivée à la conviction que cette classification ne pouvait » être appliquée, et qu'il fallait recourir à d'autres élé- » ments (¹). »

Ces éléments, on les a enfin trouvés dans une troisième proposition qui, après avoir été adoptée par la Commission, a ensuite été votée par le Corps législatif et a pris place dans le texte de la loi. Ce moyen terme si longtemps cherché, on l'a trouvé dans le rapprochement de la loi française avec la loi du pays où le délit serait commis, et l'on a dit : Le délit commis à l'étranger pourra être poursuivi et jugé en France « si le fait » est puni par la législation du pays où il a été commis. »

Comment faut-il accepter cette disposition ? — Il y a, selon nous, lieu d'applaudir à l'idée à laquelle on s'est définitivement

(1) Séance du 30 mai 1866.

arrêté. Ce n'est point assurément que nous voulions la considérer comme parfaite : la perfection, hélas ! n'est point le privilége des choses humaines, et l'on a trop souvent lieu de
regretter qu'elle ne soit point celui des législateurs. Mais ce
qu'on peut, croyons-nous, soutenir avec vérité, c'est que de
tous les moyens proposés pour régler l'action publique quant
aux délits, celui-là était le plus acceptable et le plus conforme
à l'idée admise en principe en ce qui les concerne. Quel était,
en effet, quant à eux, le désir, la volonté du législateur ?
C'était non pas de les poursuivre tous, mais de ne saisir parmi
eux que les plus graves, de réprimer ceux-là et de laisser
les autres. Or, est-ce qu'on ne doit pas accepter comme étant
les plus graves, les délits qui sont prévus en même temps par
la loi française et par les autres législations ? Si les mêmes
délits sont qualifiés et punis par les lois de différents pays,
n'est-ce pas parce qu'on reconnaît que, lorsqu'ils viennent à se
commettre, ces délits jettent un trouble véritablement sérieux
dans la société, qu'ils compromettent gravement l'ordre public,
et que l'intérêt général exige qu'on en prévienne le retour ? —
Lorsqu'au contraire tel fait n'est pas puni dans le pays où réside
le coupable, ne faut-il pas considérer que, se trouvant en face
d'une législation qui ne punissait pas son acte, il a pu, oubliant
celle de son propre pays, se croire en sécurité, et s'abuser
peut-être sur le caractère de l'acte qu'il commettait ? « Il a
» semblé à la Commission, lit-on dans le Rapport fait au Corps
» législatif par M. Nogent-Saint-Laurens, qu'il fallait tenir
» compte à l'homme du milieu dans lequel il a vécu, des habi-
» tudes, des mœurs qui l'environnaient au moment du fait
» commis, de cette sécurité que lui donnait la législation
» étrangère à laquelle il s'était passagèrement soumis. Il lui
» a semblé qu'on ne saurait, sans dépasser la mesure d'une
» humanité raisonnable, punir en France le fait extérieur qui
» n'est pas également puni à l'étranger (¹). »

(1) Séance du 23 mai 1866.

Il faut toutefois bien entendre le sens de cette disposition : *Si la fait est puni par la législation du pays où il a été commis.* Cela ne veut pas dire qu'il suffise, pour que l'action puisse être intentée, que la loi étrangère prévoie un fait simplement analogue, simplement semblable à celui qui a été commis ; cette similitude effective ne suffirait pas ; il faut la similitude légale ; il faut que les deux délits soient *identiquement* les mêmes, que la loi étrangère et la loi française leur attribuent le même caractère, leur donnent la même qualification, dans le sens légal du mot, peu importe d'ailleurs l'expression, le *verbum* employé pour désigner l'infraction. — Nous trouverions cette identité pour le délit d'escroquerie, par exemple, dans la loi du royaume des Deux-Siciles qui punit comme coupable de **fraude**, *celui qui fait un lucre quelconque au préjudice d'autrui, en faisant usage de faux noms ou de fausses qualités, ou en employant d'autres ruses, détours ou simulations, pour persuader l'existence de fausses entreprises, de facultés ou de crédits imaginaires, ou pour susciter l'espérance ou la crainte d'un succès, d'un accident ou de quelqu'autre événement chimérique.*

Nous pouvons en dire autant de la législation autrichienne qui appelle aussi *fraude* le délit que nous désignons sous le nom d'*escroquerie*, et qui lui reconnaît les mêmes éléments (¹).

La nécessité de cette identité ressort de la discussion de la loi : « C'est dans ce sens, disait M. du Parieu, vice-président » du Conseil d'État, répondant à une observation qui était faite » à cet égard, c'est dans ce sens que l'article a été compris : » il ne peut pas l'être autrement. Il faut que le fait, pour être » poursuivi en France, soit de nature à avoir pu être puni par » la juridiction étrangère (²). »

Au reste, il va sans dire que ce ne sera pas, comme le voulait la loi votée en 1852, au prévenu de prouver que le fait à raison duquel il est poursuivi n'est pas prévu par la législation

(1) Dalloz, Rép. Vᵒ Escroquerie, nᵒˢ 717 et 719.
(2) Séance du 31 mai 1866.

étrangère ; ce sera, au contraire, au ministère public de dé-
montrer que cette loi étrangère considère bien ce fait comme
délit : c'est en effet le ministère public qui poursuit, c'est lui
qui est demandeur, et il est de principe, en droit pénal comme
en droit civil, que c'est au demandeur de justifier ses alléga-
tions : *Onus probationis incumbit actori.*

Nous avons donc jusqu'ici quatre conditions nécessaires pour
la répression des délits commis à l'étranger ; ces conditions sont :

1° Que le délit soit puni par la loi française ;

2° Que l'inculpé n'ait pas été jugé définitivement à l'é-
tranger ;

3° Qu'il soit de retour en France ;

4° Que le fait soit puni par la législation du pays où il a été
commis.

A ces conditions la loi en ajoute une autre. Il faut :

5° Que la poursuite soit intentée *à la requête du ministère
public ;* elle doit être précédée d'*une plainte de la partie
offensée* ou d'une dénonciation officielle à l'autorité française par
l'autorité du pays où le délit a été commis.

Il y a ici deux particularités à signaler.

Et d'abord la poursuite ne peut être intentée qu'à *la requête
du ministère public :* lui seul peut agir *directement* comme
partie poursuivante. La loi introduit ici une dérogation au droit
commun, une exception au principe suivant lequel toute personne atteinte par un délit peut citer elle-même directement en
police correctionnelle l'auteur de l'acte qui l'a lésée (art. 182
du Code d'instruction criminelle).

Quel motif a pu porter le législateur à sortir ici des règles
ordinaires en matière de délits ? — Il s'est placé en face des
inconvénients et des abus de la *citation directe.* La pratique
révèle tous les jours combien sont inconsidérées la plupart des
poursuites dont les parties civiles saisissent les tribunaux correctionnels. Souvent, il arrive que c'est sur un refus de poursuivre du parquet, refus motivé sur l'absence de preuves ou le

peu de fondement de la plainte, que les parties, cédant à un sentiment d'animosité ou de vengeance, s'ajournent elles-mêmes pour obtenir de la justice une réparation qu'elles croient légitime.

Eh bien, le législateur a pensé que, dans l'hypothèse d'un délit commis à l'étranger, ces inconvénients s'aggraveraient encore; qu'il y aurait bien davantage à craindre les idées de vengeance, les sentiments de haine, auxquels un étranger se laisserait plus facilement porter contre un Français dont il aurait été la victime. Il a pensé surtout que la vérité serait bien plus difficile à découvrir, et que le Français aurait vis-à-vis de son adversaire une position manifestement désavantageuse. N'est-il pas vrai, en effet, que l'étranger placé dans son pays sur le lieu même du délit, au milieu de ses concitoyens, pourrait trouver des preuves et se procurer des témoignages qui feraient complétement défaut au Français? La partie serait donc inégale.

Voilà pourquoi le législateur a remis le droit de poursuivre exclusivement aux mains du ministère public. Son indépendance le mettra au-dessus des querelles de parties. Avant de poursuivre, il cherchera, par des informations sagement conduites, à découvrir la vérité; il prendra des renseignements, fera préalablement une enquête, recevra les explications que l'inculpé sera à même de lui fournir; et si de ses investigations et des renseignements qu'il aura pu recueillir, il résulte pour lui la preuve que le délit peut être tenu pour constant, il traduira le coupable devant la justice; s'il lui apparaît au contraire, d'après les circonstances et les documents dont il dispose, qu'il y ait lieu de douter de la culpabilité du prévenu, alors il abandonnera la poursuite.

Mais si le ministère public est seul maître d'intenter l'action, son droit n'est cependant pas en cette matière aussi absolu qu'on le pourrait supposer. L'article 5 exige en effet, pour l'exercice de l'action, qu'il y ait tout d'abord soit *une plainte de la partie offensée, soit une dénonciation officielle à l'au-*

torité française par l'autorité du pays où le délit a été commis.

Voilà donc une seconde dérogation, et une dérogation considérable au droit commun. Suivant le droit commun, le ministère public, qui est le mandataire de la société, et auquel est impartie la noble tâche de réprimer en son nom les infractions qui se commettent dans son sein, ne dépend de personne quant à l'exercice de l'action publique. Lorsqu'un crime, lorsqu'un délit parvient à sa connaissance, son devoir est d'en rechercher immédiatement l'auteur, et, s'il y a lieu, de le déférer aux tribunaux, sans attendre la dénonciation de celui qui en a souffert. L'exercice de ce devoir n'est pas même entravé par les réparations que les parties ont pu se donner. Dépositaire des intérêts si graves que la société lui a confiés, sa mission le met au-dessus des pactes des parties; il ne peut avoir les mains liées par elles.

Or, lorsqu'il s'agit d'un délit commis à l'étranger, la loi ne tient plus compte de ces principes. Elle dit au magistrat chargé de l'action publique : Vous pourrez poursuivre l'auteur du délit commis hors du territoire, si celui qui en a été victime vient vous porter plainte, ou si le gouvernement offensé vous dénonce le malfaiteur; mais en l'absence de cette plainte, à défaut de cette dénonciation vous ne pourrez agir; tout droit de poursuite vous sera dénié.

Quel est donc le sentiment qui a dominé ici le législateur, et qui l'a porté à émettre une semblable disposition ? — Il est aisé de s'en rendre compte si l'on se reporte à l'Exposé des motifs : «........ L'État étranger, y lit-on, toujours sollicité
» vivement à poursuivre la répression d'un crime, peut attacher
» moins d'intérêt à celle d'un simple délit. Le ministère public
» obtiendra toujours, dans le premier cas, un concours plus
» empressé que dans le second, au delà des frontières, et l'in-
» térêt de la société française est lui-même moins engagé. Le
» gouvernement propose donc de statuer que l'action publique

» devra, dans cette circonstance, être précédée par une
» plainte de la partie offensée, ou par une dénonciation offi-
» cielle de l'autorité du pays où le délit aura été commis. Le
» plaignant sera obligé ainsi de se procurer des documents, de
» recueillir des indices propres à éclairer, à diriger la marche
» de la justice; la vérité aura moins de peine à se faire jour, à
» l'aide de cette impulsion intéressée, de cette communauté
» d'efforts, et l'intervention de la magistrature se trouvera
» bornée aux cas où elle sera vraiment nécessaire. Cette excep-
» tion, qui n'aurait pas sa vraie raison d'être en matière de
» crimes, nous paraît se justifier parfaitement en matière de
» délits. »

Qu'il nous soit cependant permis d'exprimer pour notre
compte un avis contraire, et de dire qu'étant admis le principe
de la répression des délits dans les termes où la loi actuelle
l'admettait déjà, c'est-à-dire avec la condition que l'acte fût
prévu par les deux législations, cette nouvelle exigence nous
paraît sans nulle opportunité.

De quelle idée en effet est-on parti? — De cette idée que
le délit est le mal comme le crime, le mal à un degré moindre
sans doute, mais à un degré suffisant pour motiver une certaine
sévérité. Tenant compte de la différence morale entre ces deux
catégories d'infractions, le législateur, comme nous l'avons
déjà dit, tandis qu'il poursuit indistinctement tous les crimes
commis à l'étranger, a déterminé par une juste limite son droit
de poursuite quant aux délits; il n'a voulu atteindre que les
plus graves, et il a considéré comme tels ceux qui sont punis
à la fois par la loi française et par la loi étrangère. Or il nous
semble vrai d'affirmer que les délits qui, compris dans ces
termes, tombent sous le coup de la loi, inquiètent et troublent
dans une assez large mesure l'ordre public, pour que la
société ait un intérêt véritable à leur répression et pour qu'il
importe d'en prévenir le retour.

Si donc on laissait au ministère public son indépendance et

son initiative en matière de crimes, on devait, selon nous, la lui laisser également en matière de délits. Parce que le délit a été commis hors du territoire, est-ce donc une raison pour réduire son intervention au service en quelque sorte exclusif de l'intérêt privé, en subordonnant son action à la plainte de la partie lésée? Cela nous semble exagéré. Et l'on peut appliquer ici la critique que faisait la Cour suprême condamnant la restriction apportée par l'ancien article 7 à la poursuite des crimes : « S'il est vrai, disait-elle, que le principe de l'art. 7 » dérive d'une source plus élevée que l'intérêt qui sert de base » à l'action privée, comment son application dépendrait-elle de » l'événement de cette action? — *Enlever au ministère public* » *son initiative, c'est enlever à la société son droit de défense.* » (Exposé des motifs.)

Qu'on ne vienne pas dire que, lorsqu'il sera question d'un simple délit, on n'obtiendra que difficilement le concours de la justice étrangère. La justice étrangère n'est-elle donc pas la première intéressée à faciliter la répression d'un acte qui a été commis au sein de la société même qu'elle protège, qui a atteint l'un des membres de cette société, et dont elle n'a pu poursuivre elle-même le châtiment, parce que le coupable a eu assez d'habileté pour se soustraire à sa vigilance?

Enfin, pour ce qui est du secours que la magistrature peut attendre de l'intervention de la partie lésée, faut-il donc y attacher une importance telle que rien n'y puisse suppléer? Ces documents que le plaignant devra se procurer, ces indices qu'il pourra recueillir, ces renseignements qu'il fournira à la justice, et qui la dirigeront dans sa poursuite, est-ce que le ministère public, s'il poursuivait d'office, ne les obtiendrait pas tout aussi bien du concours qu'il demanderait à la magistrature étrangère, et que celle-ci ne lui refuserait pas?

Cela nous semble hors de doute, et dès lors nous pouvons difficilement comprendre que le législateur, appliquant aux délits une condition qu'il avait cru devoir effacer de la loi pour les crimes, ait fait subir un tel échec aux principes qui régissent l'exercice de l'action publique. C'est là, à notre sens, une condition qu'il n'a sans doute apposée que pour assurer davantage le succès de la réforme qu'il proposait, en s'efforçant d'atténuer le plus possible ce qu'elle pouvait paraître avoir de trop exagéré aux yeux de certains esprits.

CHAPITRE II. — DES CRIMES ET DES DÉLITS CONTRE LA CHOSE PUBLIQUE.

Sous cette rubrique, nous devons comprendre deux catégories d'infractions. Il y a les crimes et délits *politiques,* et il y a les crimes contre la chose publique proprement dits. Si tout crime politique, en effet, constitue un crime contre la chose publique, il n'est pas vrai de dire que tout crime public est, de son essence, un crime politique. Il est évident, par exemple, que si l'attentat contre la personne du chef de l'État a, de sa nature, un caractère essentiellement politique, il n'en est pas ainsi du crime de fausse monnaie.

Que faut-il donc entendre par *délits politiques?*

Avant 1830, la question pouvait être embarrassante ; aucune loi n'existait qui en précisât la nature, et il était laissé aux tribunaux d'apprécier, suivant les circonstances, si tel crime ou tel délit devait être ou non considéré comme crime ou délit politique ; de là un dangereux arbitraire. Mais la loi du 8 octobre 1830 est fort heureusement venue faire cesser ces incertitudes, en déterminant d'une manière précise les infractions auxquelles devrait être attaché un caractère politique.

Ce sont, aux termes de l'article 7 de cette loi, les délits prévus :

1° Par les chapitres I et II du titre Ier du livre III (C. de pénal), c'est-à-dire les crimes et délits contre la sûreté de l'État et contre la Constitution ;

2° Par les paragraphes II et IV de la section III du chapitre III (même titre et même livre), c'est-à-dire les troubles apportés à l'ordre public par les ministres des cultes ;

3° Par la section VII du même chapitre, c'est-à-dire les associations ou réunions illicites ;

4° Par l'art. 9 de la loi du 25 mars 1822, c'est-à-dire l'enlèvement ou la dégradation des insignes de l'autorité ; le port public de signes extérieurs de ralliement non autorisés ; l'exposition publique de symboles séditieux. — Ce délit est aujourd'hui prévu par l'art. 6 du décret du 11 août 1848.

A cette énumération il faut ajouter certains délits qui font l'objet de lois plus récentes, ce sont :

1° Les délits commis par la voie de la presse et par les autres moyens de publication ;

2° Les crimes prévus par les art. 5, 8, 9 de la loi du 24 mai 1834, sur les détenteurs d'armes et de munitions de guerre ;

3° Les délits prévus par la même loi ;

4° Les crimes et délits prévus par la loi du 15 mars 1849 (art. 98 et suiv.), et par le décret du 2 février 1852 (art. 31 et suiv.), relatifs à la police et à la liberté des élections ;

5° Les infractions à l'art. 13 de la loi du 28 juillet 1848 et à l'art. 2 du décret du 25 mars 1852 sur les sociétés secrètes et les clubs ;

6° Les crimes et délits prévus par la loi du 7 juin 1848 sur les attroupements.

Telles sont les différentes infractions auxquelles la loi attribue le caractère de *délits politiques*.

Le grand intérêt qu'il y a à les distinguer des délits communs consiste dans la différence des pénalités dont ils sont frappés. Ce ne sont pas, en effet, les peines ordinaires qui leur sont applicables, mais des peines spéciales : la déportation, la détention, le bannissement et la dégradation civique. Ceci toutefois ne s'entend que des *crimes ;* car les délits proprement dits ne sont passibles que des peines correctionnelles ordinaires (1).

Cette distinction offrait encore un autre intérêt sous l'empire de l'ancienne législation : c'est que tous les faits politiques, qu'ils fussent qualifiés crimes ou délits, étaient de la compétence du jury. Mais cet intérêt n'existe plus aujourd'hui, et les délits politiques, comme les autres, sont, en principe, jugés par les tribunaux correctionnels. Il y a toutefois exception *pour les délits de presse,* dont la loi du 15 avril 1871 a attribué la connaissance aux cours d'assises.

Si la société est vivement intéressée à la répression des crimes commis à l'étranger, lors même qu'ils ne frappent qu'un simple particulier, cet intérêt parle bien plus haut encore quand il s'agit de crimes qui s'attaquent à la chose publique, qui sont dirigés contre l'État lui-même. Alors ce n'est pas seulement la morale qui se trouve blessée et qui demande justice, c'est en quelque sorte la sécurité même de la nation tout entière qui se trouve compromise. On conçoit qu'en présence de cette situation, le législateur ne soit pas arrêté par les mêmes scrupules, que son action ne soit pas bornée par le même cercle de restrictions, et qu'il se donne des armes en rapport avec la grandeur du danger. — C'est ce qu'avait compris le législateur de 1808. Tandis qu'il n'admettait la poursuite du crime commis hors du territoire contre un Français qu'à condition *que la victime portât plainte* et que le coupable *fût de retour en France* (ancien art. 7), il revenait au contraire à l'application pure et simple des règles ordinaires pour les crimes attentatoires à la sûreté de l'État, c'est-à-dire qu'il laissait au ministère public le droit de poursuivre le criminel *d'office* et par *contumace,* absolument comme si l'acte avait été commis en France.

(1) On sait que la peine de mort en matière politique a été abolie par la Constitution du 5 novembre 1848, et que la loi du 8 juin 1850 l'a remplacée par la déportation dans une enceinte fortifiée.

Le législateur de 1866 n'a pas montré moins de sagesse. Le haut intérêt de l'État, le danger qui le menace, lors même que le coupable réside toujours sur le territoire étranger, justifient suffisamment l'adoption de mesures exceptionnelles. Il s'est donc borné à reproduire les dispositions du Code de 1808. Il a, en effet, déclaré en tête de l'art. 5 : « Que tout Français qui, hors du territoire de la France, s'est rendu coupable d'*un crime puni par la loi française*, peut être poursuivi et jugé en France. » Les termes, on le voit, sont généraux ; ils embrassent aussi bien les crimes politiques que ceux de droit commun. — Et il termine ce même article en disant qu' « aucune poursuite n'a lieu avant le retour de l'inculpé en France, *si ce n'est pour les crimes énoncés en l'art. 7.* »

Ces crimes sont précisément ceux dont nous parlons : les crimes attentatoires à la sûreté de l'État, et certains autres crimes qui, à raison de leur caractère, présentent, au point de vue de l'intérêt général, une gravité toute particulière.

Pour ces crimes, par conséquent, la condition du retour de l'inculpé en France n'est pas nécessaire : il peut être poursuivi par *contumace*. De plus il peut être poursuivi d'*office ;* car, ainsi que nous l'avons vu en étudiant l'art. 5, la règle est qu'en matière de crimes le ministère public agit toujours d'office, sans qu'il soit besoin, comme pour les délits, d'une plainte préalable de la partie lésée.

Ainsi, pour les *crimes* qui touchent à l'ordre politique, le législateur est sorti des règles qu'il avait posées à l'égard des crimes ordinaires. A-t-il fait de même pour les *délits ?* En aucune façon. Il les a tous sans distinction régis par les mêmes principes. Pour ceux-là, comme pour les autres, il faudra non-seulement que l'acte incriminé soit puni par la loi française, mais il faudra de plus qu'il soit puni par la législation du pays où cet acte a été commis. Cela est évident, puisque d'un côté, dans l'art. 5, le législateur a traité d'une manière générale des délits, sans dire qu'il entendait parler des uns à l'exclusion des autres, et puisque, par ailleurs, nous ne trouvons dans la loi aucune exception faite, quant aux conditions de la poursuite, à l'égard des délits de l'ordre politique.

Il pourrait cependant venir à la pensée de certains esprits de prétendre que ces délits sont en dehors de la loi, que l'art. 5 ne les a pas prévus et n'a pas entendu les frapper. Une pareille doctrine trouverait, à la vérité, dans les précédents législatifs, un argument d'une certaine valeur. Mais sous l'empire de la législation actuelle cette opinion ne saurait prévaloir. L'historique de la discussion nous apprend en effet qu'il avait été proposé un amendement tendant à introduire dans la loi une exception en faveur des crimes et délits politiques. Cet amendement, présenté par MM. Ernest Picard et Jules Favre, était ainsi conçu : « *La présente loi ne sera appliquée ni aux crimes ni aux délits politiques commis à l'étranger.* » Écarté d'abord par la commission, soutenu ensuite avec énergie par ses auteurs à la séance publique, il a été définitivement rejeté par le Corps législatif.

Est-ce avec raison? Nous le croyons. A notre sens, il eût été dangereux d'admettre la restriction proposée par les défenseurs de l'amendement. Les délits politiques, en effet, constituent incontestablement des atteintes à la morale publique. L'offense envers la personne du chef de l'État, l'excitation à la haine et au mépris du gouvernement, les complots et les conspirations ourdis dans le but de renverser et de détruire le gouvernement légal du pays sont bien évidemment dangereux au suprême degré pour l'ordre social. Le repos et la tranquillité d'une nation sont intimement liés à la consistance de son gouvernement, et, pour se soutenir, un gouvernement a besoin du respect et de la considération publics.

Mettre par conséquent en dehors de la loi, par une disposition formelle, les délits de cette nature commis à l'étranger, c'eût été livrer l'État sans défense aux invectives et aux attaques des mauvais citoyens et des malhonnêtes gens; c'eût été établir un privilége en faveur d'actes odieux en eux-mêmes, et qui auraient d'autant plus gravement compromis l'intérêt général que l'impunité la plus absolue leur eût été assurée.

Bien plus sage nous paraît avoir été l'esprit du législateur. A-t-il édicté quelque disposition spéciale relativement à cette classe de délits? En aucune manière. Il a purement et simplement parlé des délits d'une manière générale, sans faire de restrictions pour une catégorie ou pour l'autre; il a englobé, pour ainsi parler, dans sa loi les délits politiques en les confondant avec ceux de droit commun; il n'a pas établi d'exception, de privilége en leur faveur, pas plus qu'il n'a voulu les prévoir d'une façon spéciale : c'est la même règle qui les régit tous. De cette sorte l'État ne sera pas complétement désarmé en présence de ses adversaires. Sans doute il devra user de son droit avec la plus grande discrétion; car les poursuites de cette nature, lorsqu'elles manquent de réserve, ont presque toujours pour résultat de faire du coupable une victime et un héros, et de l'asseoir sur un piédestal d'honneur. Mais du moins, dans les circonstances graves, la société aura-t-elle une arme pour répondre aux coups qui tendront à inquiéter sa sécurité, et pour se mettre en garde contre leurs dangereuses conséquences.

Du reste, il faut le reconnaître, dans les termes où la loi se comporte, elle aura toujours dans ses effets, quant aux délits politiques, une action limitée; car il faudra pour que le délit puisse être poursuivi, la condition indispensable d'identité des législations. Par suite, il sera de toute nécessité, pour que le droit de poursuite soit ouvert, que le fait soit puni en France, et que le même fait, le fait identique et non pas seulement similaire, soit puni à l'étranger. Il faudra donc, comme le faisait remarquer au Corps législatif un membre de la commission, il faudra, « notamment quant aux délits de presse, que la législation » étrangère prévoie, non pas, d'une manière générale, des délits » de presse qui attaquent le gouvernement du pays, mais » qu'elle prévoie, d'une manière spéciale, les délits de presse

» qui portent atteinte aux gouvernements étrangers, et, en ce
» qui nous concerne, au gouvernement français (¹). »

Et M. Jules Favre voulant préciser cette pensée ajoutait :
« Il faudra dès lors, pour que le délit soit punissable, qu'on
» rencontre dans la législation étrangère une disposition qui
» soit taxativement applicable au délit en question, et par
» exemple, en ce qui concerne les délits de presse, que le gou-
» vernement de notre pays soit protégé par la loi étrangère.
» S'il ne l'était pas, on ne s'emparerait pas d'une disposition
» de la loi étrangère protégeant le gouvernement ou les insti-
» tutions du pays; cette disposition ne serait pas appli-
» cable (²). »

Or on comprend combien il sera difficile de trouver dans les
autres législations de semblables dispositions, combien dans ces
termes les cas de poursuites seront dès lors restreints, et cela
vient encore fournir un nouvel argument contre ceux qui
pensent qu'il aurait fallu écarter de la loi les crimes et les délits
politiques.

(1) Discours de M. Mège. Séance du 31 mai 1866.
(2) Séance du 31 mai 1866.

DEUXIÈME PARTIE.

DES CRIMES COMMIS PAR UN ÉTRANGER, A L'ÉTRANGER, CONTRE LA CHOSE PUBLIQUE.

Ce qui crée en principe la compétence de la juridiction française relativement aux crimes et délits commis par un étranger, c'est la présence de cet étranger sur le territoire français. Dès qu'il met le pied sur notre sol, l'étranger contracte l'obligation de respecter nos lois; il devient, suivant une expression de M. Portalis, le *sujet casuel* de notre pays; et, en vertu de ce principe que *les lois de police et de sûreté obligent tous ceux qui habitent le territoire*, principe qui est écrit au frontispice de nos lois (art. 3 du Code Civil), l'État acquiert sur lui un droit de souveraineté, en vertu duquel il peut demander compte à cet étranger de tout acte par lequel il viendrait à troubler l'ordre et la tranquillité au sein de la société.

Mais il y a pourtant un cas où la loi, élargissant la sphère de sa compétence, admet, par exception, qu'un étranger puisse être jugé par nos tribunaux pour un crime par lui commis *hors de notre territoire*. C'est, aux termes de l'art. 7, *lorsqu'il s'est rendu coupable, comme auteur ou comme complice, soit d'un crime attentatoire à la sûreté de l'État, soit de contrefaçon du sceau de l'État, de monnaies nationales ayant cours, de papiers nationaux ou de billets de banque autorisés par la loi.*

Nous avons suffisamment insisté, dans le chapitre qui précède, sur la gravité de pareils crimes et sur les dangers qu'ils offrent pour la société. Il est évident que, s'il y a lieu de sévir d'une manière exceptionnelle contre le citoyen français qui s'est réfugié à l'étranger pour pouvoir conspirer à son aise contre le gouvernement de son pays, on ne peut refuser à la France le droit de poursuivre l'étranger qui profite lâchement de son extranéité pour servir les passions de ceux qui cherchent à semer dans son sein l'agitation et le désordre. C'est le droit de la légitime défense, droit qui peut être d'autant moins contesté que des actes de cette nature ne sont ni réprimés ni prévus par les législations étrangères, et que force est bien à l'État offensé de pourvoir lui-même à sa défense et à sa sécurité.

La loi assimile aux crimes attentatoires à la sûreté de l'État le crime de fausse monnaie, bien qu'il soit d'un caractère complétement différent. C'est que par sa nature le crime de falsification de monnaies jette une grande perturbation dans un pays, qu'il compromet les intérêts les plus graves, et peut même entraîner dans les rapports de nation à nation les plus fâcheuses conséquences. Quand il est commis à l'étranger, il prend une sorte de caractère *sui generis* qui justifie les dispositions exceptionnelles dont il est l'objet.

Lorsqu'un Français se rend coupable à l'étranger d'un crime de cette nature, la loi déroge, nous l'avons vu, aux conditions spéciales de la poursuite : le criminel peut être jugé *par contumace*, il n'est pas besoin de son retour en France. — Lorsque le coupable est non plus un Français mais un étranger, on exige, pour que l'action soit possible, l'une des deux alternatives suivantes, il faut : ou *que l'étranger soit arrêté en France*, ou *qu'on obtienne son extradition.* Une différence radicale existe donc entre les deux cas : l'étranger ne peut jamais être jugé par contumace, il ne peut l'être que *contra-dictoirement*.

Il faut d'abord *que l'étranger soit arrêté en France.* — Il est bien certain en effet que le législateur n'a en principe de pouvoir que dans les limites du territoire ; si cette règle fléchit à l'égard des Français résidant à l'étranger, nous savons quels en sont les motifs ; mais, quant aux étrangers, ils échappent à sa juridiction ; ils n'y peuvent être soumis qu'accidentellement par suite de leur présence sur le sol français : le législateur n'a pas le droit d'aller rechercher dans un autre pays un individu originaire de ce pays. La justice n'a donc aucune action possible contre l'étranger qui, chez lui, a commis un attentat contre la France, tant qu'il continue de résider à l'étranger.

Mais, en supposant que cet étranger quitte son pays et ose venir, en audacieux conspirateur, se présenter dans cet État contre lequel il a tramé ses complots, alors naît pour les magistrats français le droit incontestable de s'emparer de sa personne et de le traduire devant les tribunaux : c'est le droit de la légitime défense ; la présence de ce malfaiteur au sein du pays peut faire redouter de nouveaux dangers ; l'État a été outragé, il est en présence de l'insulteur ; il a droit d'exiger une réparation.

Il n'est pas même nécessaire, pour que l'étranger puisse être poursuivi, que le crime ait eu des suites en France. La nécessité de cette condition qui, lors de la préparation du Code, avait soulevé quelqu'hésitation dans l'esprit des jurisconsultes chargés de l'élaborer, avait tout d'abord été admise par le Conseil d'État ; mais elle fut bientôt écartée, sur les observations de M. Bigot-Preamenéu : « qu'il serait dangereux de paraître déclarer dans un Code qu'il est permis de machiner impunément contre la France ;...... que le crime est consommé aussitôt que la contrefaçon des monnaies se trouve achevée ; que les lois punissent la simple tentative du crime comme si elle avait eu toutes ses suites. » — Et M. Bérenger ajoutait :

« qu'il ne serait pas exact de dire que le crime ne nuit à la France qu'autant qu'il a été continué en France....... On peut, sans introduire la fausse monnaie en France, la répandre en Allemagne et discréditer ainsi nos monnaies (1). »

S'il suffit que le coupable soit arrêté en France, ce n'est pas à dire que l'arrestation légitimera toujours la poursuite, dans quelques conditions qu'elle intervienne. Il faut avant tout qu'elle soit faite légalement et loyalement, c'est-à-dire qu'elle soit exempte de subterfuge ou de violence, que la présence du criminel sur notre territoire ne soit pas le résultat d'une circonstance de force majeure ; il faut, en un mot, qu'elle soit purement libre et volontaire. C'est ainsi qu'on vit l'arrêté des consuls du 18 brumaire an VIII épargner les émigrés naufragés à Calais : « Considérant, portait l'arrêté, qu'il est hors du droit des nations policées de profiter de l'accident d'un naufrage pour livrer, même au juste courroux des lois, des malheureux échappés aux flots.... » — « Des hommes naufragés, disait M. Portalis, ne sont proprement justiciables d'aucun tribunal particulier ; il ne s'agit pas de les juger, mais de les secourir. »

Par application de cette idée, on devrait, croyons-nous, décider de même qu'un étranger appelé par la voie diplomatique à déposer comme témoin dans un procès instruit contre un Français, et venu en France en vertu de cette citation, ne pourrait pas dans ces conditions être arrêté, si l'instruction venait à établir qu'il a trempé dans le complot, ou qu'il a participé comme co-auteur ou complice à la fabrication de fausse monnaie, en supposant que tel fût l'objet du procès. Alors, en effet, on ne peut pas dire qu'il s'est présenté en France de son plein gré et de son propre mouvement, puisqu'il n'a fait qu'obéir à un ordre de la justice, ordre obligatoire pour lui, du moment qu'il lui était notifié par son gouvernement.

A défaut d'arrestation en France, l'étranger peut, en second

(1) Séance du Conseil d'État, du 13 décembre 1804.

lieu ; être poursuivi *si l'on obtient son extradition.* — Nous avons eu déjà occasion, dans le cours de notre sujet, de parler de l'extradition. Il y a lieu pour nous d'en étudier ici plus complétement les règles. Cette étude n'est pas, ce nous semble, sans offrir quelqu'intérêt. Car l'extradition est devenue une question éminemment pratique de nos jours où il est d'usage pour les caissiers de filer avec la caisse.

Voyons donc quels sont les principes qui régissent cette matière.

DE L'EXTRADITION.

§ I. — HISTORIQUE.

L'extradition est d'origine fort ancienne. Lorsqu'on se reporte à l'antiquité, on la voit pratiquée chez les peuples les plus anciens ; mais elle n'apparaît pas alors comme une institution réglementée par des conventions de peuple à peuple ; ce n'est qu'une concession qu'on s'accorde à grand peine, et qui n'est même obtenue le plus souvent que par la violence. C'est ainsi que les Lacédémoniens déclaraient la guerre aux Messéniens, parce qu'ils refusaient de leur remettre un meurtrier. Les Athéniens publiaient qu'ils livreraient ceux qui, après avoir attenté à la vie de Philippe, se réfugieraient sur leur territoire. (M. Faustin Hélie, *Inst. Crim.*, tome 2, n° 1690.)

A Rome, elle était également admise. Mais chez ce peuple pour lequel la qualité de citoyen romain avait un tel prix que nul ne pouvait en être privé malgré lui, ce n'était que dans des cas fort exceptionnels qu'on usait de ce moyen extrême, c'était par exemple, lorsqu'un Romain avait commis envers un autre État quelque grave outrage qui pût exposer la République à des représailles, ou encore lorsqu'ayant offensé un citoyen étranger, il avait compromis les rapports d'amitié avec la nation dont cet étranger faisait partie.

Mais il fallait des circonstances exceptionnellement graves pour qu'on livrât celui qui, s'exilant de sa patrie et s'infligeant ainsi lui-même la peine la plus cruelle après la mort, était venu réclamer l'hospitalité d'une terre étrangère. Dans ces temps reculés, l'inviolabilité du territoire était un principe pour ainsi dire absolu. A cette époque où il n'y avait point entre les différents peuples ces puissants moyens de communication, cette communauté d'intérêts qui, de nos jours, unissent toutes les nations entre elles et les rendent solidaires en quelque sorte les unes des autres, chaque peuple se considérait comme maître absolu chez lui. Le sol de la patrie était une terre ouverte à quiconque voulait venir y chercher asile, et l'étranger y trouvait toujours un refuge assuré.

Au moyen âge, ce principe existait dans toute sa force, et c'était chez nous une règle sans exception qu'on devenait inviolable dès qu'on avait touché le territoire français : *Fit liber quisquis solum Galliæ cum asyli vice contigerit.* Mais cette maxime perdit peu à peu son autorité, à mesure que s'étendirent les relations de peuple à peuple, et que, la civilisation progressant, les nations voisines reconnurent qu'il était de leur intérêt de s'unir et de se donner la main. Elles comprirent qu'elles étaient communément intéressées à la punition des malfaiteurs et à la répression de leurs attentats, et que le meilleur moyen d'empêcher leurs crimes, c'était de leur enlever l'espoir de rester impunis.

On commença dès lors à porter atteinte au principe de l'inviolabilité. En 1376, on voit Charles V passer avec le comte de Savoie un traité par lequel ils s'engagent réciproquement à se livrer les criminels qui se réfugieraient sur leurs territoires respectifs. En 1413, Charles VI demande au roi d'Angleterre qu'on lui remette les auteurs des troubles de Paris.

Mais l'extradition n'apparaît point alors comme un principe ; elle ne résulte que de faits isolés qui se succèdent en plus ou moins grand nombre, jusqu'à ce qu'enfin, quelques siècles plus tard, elle devienne une véritable institution.

Aujourd'hui l'extradition est consacrée par de nombreux traités, par des applications journalières; elle est une conquête définitive du droit international moderne.

§ II. — FONDEMENT DU DROIT D'EXTRADITION.

Sur quel fondement repose le droit d'extradition, quelle est sa raison d'être ?

Un malfaiteur, originaire d'un pays donné, y commet un crime; avant que la justice ait pu le saisir, il prend la fuite et passe à l'étranger.

Il est incontestable que cette fuite ne peut avoir pour effet de lui faire acquérir des droits à l'impunité; c'est une idée que réprouve essentiellement la morale; l'acte a toujours le même degré de perversité, que le coupable soit sous les verroux ou qu'il se soit dérobé aux mains de la justice; l'intérêt de la société au sein de laquelle la mauvaise action a été commise persiste donc nonobstant la fuite du coupable.

En principe, par conséquent, le gouvernement chez lequel le crime a été commis, a le droit de rechercher le coupable, pour le punir, même une fois qu'il est sorti de son territoire. Mais son pouvoir expire à la frontière, et son droit de suite vient se heurter contre un droit rival, celui du Souverain sous la protection duquel le criminel est allé se placer.

Il faudra nécessairement s'adresser à ce Souverain si l'on veut obtenir la remise du coupable.

Le gouvernement requis devra-t-il déférer à la demande qui lui sera faite? S'il n'y est pas obligé, ne le pourra-t-il pas du moins, n'y aura-t-il pas intérêt? — De son côté le coupable, en se réfugiant sur le sol étranger, n'a-t-il pas acquis un droit qui l'autorise à protester contre son appréhension?

Un premier point est d'abord certain : c'est qu'en principe

et indépendamment de la question de traité, le gouvernement auquel l'extradition est demandée n'est pas tenu de l'accorder. Comme le dit, en effet, M. Faustin Hélie (*Revue de législation*, tome 17, page 236) « l'extradition est un acte de souveraineté. » Un roi, un empereur, un souverain quelconque est maître absolu dans toute l'étendue du territoire placé sous sa dépendance, en ce sens que nulle puissance étrangère ne peut venir inquiéter qui que ce soit dans les limites de ce territoire, et que ce n'est qu'en vertu d'un acte de volonté du chef de l'Etat que celui qui s'y trouve peut être appréhendé.

Mais par ailleurs il est évident qu'il est du plus grand intérêt pour le gouvernement requis de donner satisfaction au gouvernement requérant. La présence d'un criminel au sein d'une société quelconque est toujours un danger pour l'ordre et la sécurité de cette société ; celui qui est une fois entré dans la voie du crime est exposé à s'y enfoncer plus profondément, s'il n'a pas la perspective du châtiment pour le retenir. En accordant l'extradition d'un malfaiteur, le Chef d'un État sauvegarde donc les intérêts de la société qu'il gouverne.

Viendra-t-on dire que livrer ainsi celui s'est mis sous votre protection c'est violer les lois de l'hospitalité ? — On donne asile au malheureux qui, persécuté par d'injustes vengeances, ne trouve où se réfugier pour échapper à la colère de ses ennemis ; mais on ferme impitoyablement sa porte à l'assassin qui ne vient peut-être s'implanter chez vous que pour vous faire tomber vous-même sous ses coups. L'Etat près duquel s'est réfugié le fugitif a donc incontestablement le droit de s'enquérir de la faveur qu'il peut mériter, et s'il juge sa présence dangereuse, de l'expulser de son territoire et de le livrer au pays à la justice duquel il a cherché à se soustraire.

En résumé, droit pour le pays où le crime a été commis de rechercher le coupable au delà de ses frontières ; droit pour le pays où celui-ci s'est réfugié de le livrer au premier ; impossibilité pour le criminel d'invoquer un droit d'asile qui le rende inviolable, voilà le triple fondement sur lequel repose le droit d'extradition.

La légitimité du droit d'extradition étant établie, recherchons à quelles personnes et dans quels cas il peut s'appliquer.

§ III. — A QUELLES PERSONNES S'APPLIQUE L'EXTRADITION.

Trois situations différentes peuvent se présenter :

1° La demande d'extradition concerne un sujet de la nation qui la forme.

2° Elle concerne un sujet de la nation à laquelle elle est adressée.

3° Elle est formée contre un étranger, mais par une nation qui n'est pas celle à laquelle appartient cet étranger.

1re Hypothèse. — Demande d'extradition formée par une nation concernant un de ses sujets.

Cette hypothèse est la plus ordinaire : c'est le cas où se produisent le plus habituellement les questions de cette nature, et alors s'applique sans restriction tout ce que nous venons de dire.

Y a-t-il un traité d'extradition entre le pays requérant et le pays requis, et ce traité est-il encore en vigueur, alors nulle difficulté possible ; le traité reçoit son exécution, car il crée entre les deux nations les mêmes obligations qu'un contrat établit entre les parties qui l'ont consenti : *partes consensus obligat*. L'Etat demandeur forme donc sa requête, le gouvernement requis livre le coupable, et la justice agit ensuite.

N'y a-t-il aucun traité entre les deux nations, alors le gouvernement auquel l'extradition est demandée n'est pas lié par cette demande. Sans aucun doute, il peut, si l'intérêt social l'exige, faire droit à la requête et accorder l'extradition ;

mais l'absence de traité lui donne un souverain pouvoir d'appréciation, et lui laisse liberté pleine et entière d'examiner, d'après les circonstances, s'il y a lieu de sa part d'accorder ou de refuser l'extradition qu'on sollicite de lui.

2° hypothèse. — Demande d'extradition adressée à une nation concernant un de ses sujets.

Ce second point a déjà été traité dans le cours de notre étude. Nous avons établi (pages 49 et suivantes) que c'est un principe généralement admis par toutes les nations, que l'extradition ne s'applique pas à leurs régnicoles; que, spécialement en ce qui nous concerne, lorsque la remise d'un Français est réclamée par une puissance étrangère, le gouvernement n'accorde jamais l'extradition. Nous en avons longuement exposé les motifs, et nous avons alors suffisamment insisté sur ce point pour que nous n'ayons pas à y revenir ici (¹).

3° hypothèse. — Demande d'extradition formée par une nation contre un individu qui n'est pas son sujet.

Il est possible qu'un étranger se trouvant dans un pays autre que celui auquel il appartient par son origine, y ait commis un crime, et qu'il soit venu se réfugier en France.

La demande d'extradition est alors adressée par une puissance étrangère concernant un étranger d'une nationalité autre que celle du pays qui le réclame.

Dans ces conditions, la question, on le conçoit, devient délicate. En pareille hypothèse, l'extradition est-elle possible ? — Plusieurs auteurs (notamment Martens, *Droit des gens*, § 101) soutiennent la négative. M. Faustin Hélie n'est pas de cet avis et se prononce en pareille circonstance pour la légitimité de l'extradition.

Cette dernière opinion nous paraît la plus rationnelle. Il y a

(1) Nous renvoyons pour cette seconde hypothèse à la page indiquée.

en effet, ce nous semble, au fond même raison de faire application des principes : Il y a, d'un côté, l'intérêt de l'État offensé par le crime, dont le droit incontestable est d'en poursuivre la répression ; d'un autre côté, l'intérêt de l'État au sein duquel le malfaiteur est venu chercher asile, intérêt qui peut commander de ne pas garder ce criminel sur son territoire.

Il est vrai qu'en regard de ces deux personnalités s'en dresse une troisième, celle de l'État dont le prévenu est originaire. Et l'on peut se demander si, dans ce cas, le gouvernement pourra livrer l'étranger sans en référer à la nation dont l'inculpé est citoyen, s'il ne faudra pas une autorisation formelle de la part de celle-ci pour que l'extradition puisse avoir lieu.

Voici, sur ce point, quelle est, quant à nous, la solution à laquelle nous semble conduire une saine application des principes :

A notre sens, on ne doit pas admettre qu'un tiers, fût-il même, en qualité de pays d'origine, le protecteur naturel de l'accusé, puisse venir s'interposer entre les deux parties en cause et arrêter l'œuvre de la justice. C'est sur un territoire étranger que s'est consommé le crime à raison duquel le coupable est recherché ; c'est aussi sur un territoire étranger que le malfaiteur s'est réfugié après l'accomplissement de son méfait : tout s'est donc passé en dehors du pays d'origine. A quel titre dès lors ce pays interviendrait-il ? Uniquement dans l'intérêt personnel de son sujet. Or, c'est dans un intérêt général, dans l'intérêt de la société, de la justice que l'extradition est poursuivie ; l'intérêt privé doit se courber devant cet intérêt majeur.

Sans doute on comprend que lorsque le coupable, après avoir commis sa faute, est venu demander asile à son propre pays, celui-ci refuse de le livrer à la justice étrangère ; c'est un refus qui s'explique par le devoir de protection auquel il est tenu envers ses nationaux. Mais si ce malfaiteur, au lieu d'aller se placer sous l'aile tutélaire de sa patrie, est venu se réfugier sur un sol étranger, on peut dire qu'alors la patrie est sans droit pour s'opposer à ce qu'il soit remis à ses juges naturels.

Il faut dire cependant que, d'après les usages diplomatiques, lorsqu'une demande d'extradition se produit dans des conditions semblables, il en est donné avis au gouvernement dont dépend le prévenu, afin de le mettre à même de défendre son sujet et de faire valoir ses droits. Certains traités renferment même cette stipulation d'une manière expresse (1).

§ IV. — DES CAS DANS LESQUELS L'EXTRADITION EST POSSIBLE.

Si l'extradition n'a qu'une extension fort restreinte quant aux personnes qu'elle peut frapper, son application est plus limitée peut-être encore quant aux causes pour lesquelles elle peut s'obtenir. La Circulaire que nous avons déjà citée (circulaire de M. le Garde des Sceaux Martin du Nord, 5 avril 1841), établit à cet égard des règles bien positives, et détermine d'une façon très-précise les principes à suivre.

De cette circulaire résultent les deux observations suivantes :

1° C'est que l'extradition ne peut être demandée que pour *un crime;* Il faut « que le fait qui a été commis par l'individu dont on veut obtenir l'extradition soit puni par la loi d'*une peine afflictive ou infamante.* » Donc un simple délit ne suffit pas pour motiver une demande d'extradition.

Nous trouvons la raison de cette différence exposée dans la circulaire : « Ce principe, y est-il dit, a été adopté par la » France comme par les autres puissances étrangères; il est » aussi consacré par les traités que quelques-unes de ces puis-» sances ont faits entre elles. En effet, il faut une raison puis-» sante pour faire rechercher sur la terre étrangère l'homme

(1) Voir traité avec la Saxe des 28 avril-5 décembre 1850.

» qui s'est puni par l'éloignement volontaire de sa patrie ; et
» d'ailleurs les infractions graves ont toujours un caractère de cri-
» minalité absolue qui rend la répression nécessaire dans l'intérêt
» de la société tout entière, tandis que les faits qualifiés délits
» n'ont souvent qu'une criminalité relative, et n'offensent que
» l'État seul dans le sein duquel ils ont été commis. »

Une double raison motive donc cette exception admise en
faveur des délits, c'est d'abord le caractère même des délits qui,
considérés en eux-mêmes, diffèrent beaucoup des crimes
quant à leur gravité, et intéressent la société d'une manière moins
directe et moins générale ; c'est qu'ensuite on doit considérer
comme suffisante cette expiation que s'est imposée l'auteur du
fait délictueux, en allant subir, éloigné de sa patrie, de sa famille, de ses intérêts, un exil qui, pour être volontaire, n'en est
pas moins une punition réelle.

Ces raisons, qui sont incontestablement sérieuses, peuvent
cependant, dans certains cas, perdre de leur valeur. Il est certain, qu'en les prenant abstractivement, les délits troublent la
société dans une proportion bien moindre que les crimes ; mais
il y a toutefois des délits qui sont accompagnés de circonstances
telles que leur importance se trouve considérablement aggravée,
et qu'il importerait que leur auteur fût frappé d'une peine
sérieuse et efficace. Or, si pour un grand nombre l'éloignement
de leur pays constitue un véritable châtiment, combien n'y en
a-t-il pas pour lesquels ce peut être une peine complétement
illusoire ! Tel qui se serait vu chez lui l'objet de la haine et du
mépris publics, trouve crédit à l'étranger, et y jouit d'une considération usurpée sous le masque de l'honnête homme.

C'est ce qui a porté plusieurs pays à déroger à cette règle et
à étendre à certains délits la possibilité de l'extradition. Ainsi
les coups et blessures volontaires ayant occasionné une maladie
ou incapacité de travail pendant plus de vingt jours (1), l'abus

(1) Traité du 2 février 1856 entre la France et l'Autriche, art. 2.

de confiance figurent dans plusieurs traités parmi les causes qui peuvent servir de base à une demande d'extradition.

La circulaire établit :

2° Que l'extradition ne s'applique qu'aux *crimes de droit commun*. Elle n'est pas admise à l'égard des individus poursuivis pour *crime politique*. « Les crimes politiques s'accom-
» plissent dans des circonstances si difficiles à apprécier, porte
» encore la circulaire, ils naissent de passions si ardentes, qui
» souvent sont leur excuse, que la France maintient le prin-
» cipe que l'extradition ne doit pas avoir lieu pour fait poli-
» tique. C'est une règle qu'elle met son honneur à soutenir.
» Elle a toujours refusé, depuis 1830, de pareilles extraditions,
» elle n'en demandera jamais. »

En général, du reste, les traités renferment une clause expresse faisant exception pour les crimes de cette nature. Ainsi l'art. 5 du traité du 22 novembre 1834 avec la Belgique contient cette disposition : — « Il est expressément stipulé que
» l'étranger dont l'extradition aura été accordée ne pourra,
» dans aucun cas, être poursuivi ou puni pour aucun délit
» politique antérieur à l'extradition... »

Il résulte de ceci que le Français qui aurait été livré par une puissance étrangère comme auteur d'un crime de droit commun, ne pourrait être jugé que pour ce crime, et que si, dans le cours du procès, on venait à découvrir qu'il s'est aussi rendu coupable d'un crime politique, on n'aurait pas le droit de le mettre en jugement à raison de ce fait; en supposant par conséquent qu'il fut acquitté pour le premier crime, le prévenu devrait être immédiatement remis en liberté et conduit à la frontière. (Circulaire).

Il y a toutefois certains faits qui ne constituent pas par leur nature même des crimes politiques, mais qui peuvent prendre jusqu'à un certain point ce caractère à raison des circonstances dans lesquelles ils se sont accomplis. Les crimes de meurtre, d'incendie, de pillage commis dans le feu de ces révolutions dont ils sont l'inséparable cortége, doivent-ils jouir du privilége accordé aux crimes et délits exclusivement politiques ?

Quelque répugnance qu'on ait à admettre une semblable doctrine, il faut, croyons-nous, étant donné le principe, en arriver à cette solution. Il est vrai de dire effectivement que si ces crimes ne sont pas politiques par essence, ils ont bien certainement pour cause les passions politiques ; ils sont étroitement liés au crime politique lui-même , dont ils ne sont en quelque sorte que le corollaire et avec lequel ils se fondent par les liens les plus intimes de connexité : le meurtre , l'incendie ne sont alors que des moyens de répandre l'intimidation et la terreur, et d'arriver par là à la consommation du but qu'on se propose.

Ce qui tend à justifier cette doctrine , c'est que presque tous les traités d'extradition n'exceptent pas seulement les délits politiques, mais aussi les délits qui leur sont *connexes*. Ainsi l'art. 5 du décret de 1834 avec la Belgique dont nous avons en partie cité le texte page 96 , porte..... pour aucun délit politique antérieur à l'extradition ou *pour aucun fait connexe à un semblable délit* (¹).

C'est donc une règle admise que l'extradition n'est jamais consentie pour crime politique, qu'elle ne peut l'être que pour les crimes de droit commun. Ce n'est pas à dire toutefois qu'elle soit possible pour tous les crimes. Ceux qui peuvent la motiver sont déterminés par les traités. Il y en a qui figurent à peu près dans toutes les conventions : l'assassinat, l'empoisonnement, le parricide, l'infanticide, le meurtre, le viol, — le faux en écriture authentique ou de commerce et en écriture privée , la contrefaçon des billets de banque et effets publics, — la fabrication et l'émission de fausse monnaie — le faux témoignage, — le vol , lorsqu'il est accompagné des circons-

<hr>

(1) On trouve la même restriction dans les traités des 25 janvier-1ᵉʳ février 1844, avec le duché de Lucques — des 24-30 août 1844 avec le grand duché de Bade. — Mais le traité des 12-17 juin 1844 avec les États-Unis d'Amérique ne fait pas la distinction.

tances aggravantes do crimo — les soustractions commises par les dépositaires publics, lorsqu'elles sont punies do peines afflictives et infamantes, — la banqueroute frauduleuse (¹).

Cette énumération peut, suivant les conventions, se trouver étenduo ou restreinte. Nous l'avons déjà vu étendre aux coups et blessures volontaires, à l'abus do confiance; des traités ajoutent à cette nomenclature l'attentat à la pudeur, la subornation de témoins (²), etc. — Au contraire, le traité des 13 février-18 mars 1843 passé avec l'Angleterre ne mentionne que les crimes de : meurtre (y compris l'assassinat, le parricide, l'infanticide et l'empoisonnement), faux et banqueroute frauduleuse.

Cette détermination a pour effet de ne soumettre les parties contractantes à. livrer le coupable que dans les cas explicitement indiqués. Mais elle n'est point exclusive du droit d'accorder l'extradition en dehors des cas ainsi prévus : c'est une faculté, nous l'avons déjà dit, qu'un souverain possède toujours, à moins cependant que le traité ne contienne une clause qui limite expressément le droit d'extrader aux crimes spécifiés par la convention.

Au surplus, il est bien entendu que ces principes s'appliquent, que la demande soit faite au Gouvernement français par une nation étrangère, ou que ce soit lui-même qui l'adresse à une autre puissance ; il ne demande jamais d'extradition qu'il refuse aux autres, ainsi que le porte la circulaire ministérielle : la réciprocité est de règle en pareille matière.

Il nous reste, pour terminer sur ce sujet, à dire quelques mots de la procédure à suivre en matière d'extradition.

(1) Traité du 22 novembre 1834 avec la Belgique. — Ce traité a eu général servi de type pour les autres.
(2) Traité du 2 février 1856 avec l'Autriche.

§ V. — DE LA PROCÉDURE EN MATIÈRE D'EXTRADITION.

Le droit d'extradition étant un attribut du droit de souveraineté qui appartient au gouvernement sur toute l'étendue du territoire, il en résulte que seul le Chef de l'Etat comme chef du pouvoir exécutif a qualité pour l'exercer. C'est lui qui demande l'extradition et c'est lui qui l'accorde : les tribunaux n'ont aucun pouvoir pour agir directement ; ils ne peuvent de leur propre initiative s'adresser à la justice étrangère.

Quel est alors le rôle de l'autorité judiciaire ?

Il varie suivant que la demande est formée par le gouvernement français ou qu'au contraire elle lui est adressée.

Prenons la première hypothèse.

La demande peut se produire dans des conditions diverses. — Elle peut intervenir au commencement de la procédure, au début même du procès criminel intenté contre le prévenu fugitif. Une chose est alors essentielle ; il faut qu'un *mandat d'arrêt* ait été décerné contre l'inculpé. Nous disons un mandat d'arrêt ; un simple *mandat d'amener* ne suffirait pas. Cela tient à la différence que la loi établit entre ces deux espèces de mandats. D'après l'art. 96 du Code d'instruction criminelle, en effet, le mandat d'arrêt doit, entre autres énonciations, contenir la *qualification légale* du fait à raison duquel il est décerné ; cela n'est pas exigé au contraire pour le mandat d'amener. Le premier permettra donc immédiatement d'apprécier si l'on se trouve en présence d'un fait pour lequel l'extradition puisse être demandée.

Ce mandat d'arrêt adressé par le parquet dans lequel s'instruit l'affaire au Procureur-Général est ensuite transmis au Garde des Sceaux, et par celui-ci au Ministre des affaires étrangères, qui le fait parvenir au gouvernement dont on sollicite l'extradition. Sur le vu de ce mandat le gouvernement fait arrêter le prévenu.

Mais cela ne suffit pas toujours pour obtenir immédiatement l'extradition. Certaines puissances exigent quelque chose de plus et ne consentent à livrer le coupable que quand une garantie plus certaine est venue faire poser sur lui une présomption sérieuse de culpabilité : il faut alors *un arrêt de la Chambre des mises en accusation.*

Enfin il se peut que le coupable ait été jugé et qu'on ne forme la demande d'extradition qu'après que tout est terminé. Dans ce cas, c'est naturellement sur l'arrêt de condamnation que le coupable est livré ; ce document se transmet comme le mandat d'arrêt et comme l'arrêt de renvoi devant la Cour d'assises.

Le criminel une fois livré et amené en France est d'abord remis à l'autorité administrative, qui l'abandonne ensuite à l'autorité judiciaire, à laquelle seule appartient le droit de statuer sur son sort ou de faire exécuter la sentence déjà prononcée.

Quand c'est une puissance étrangère qui demande qu'on lui livre un malfaiteur réfugié en France, le rôle de l'autorité judiciaire n'est pas moins effacé. Il est évident que les magistrats français ne peuvent pas plus recevoir directement, pour les exécuter, des mandats, ordres d'arrestations, jugements de condamnation, des magistrats étrangers que ceux-ci n'en peuvent recevoir des nôtres. Avant tout, il faut que ces documents obtiennent force exécutoire par l'approbation du Chef de l'État. Ce n'est qu'après l'accomplissement de cette formalité primordiale que nos magistrats peuvent exécuter les ordres de la justice étrangère. Si donc des pièces leur parviennent directement de l'étranger, ils doivent immédiatement les transmettre à la Chancellerie.

Une fois l'extradition obtenue, l'individu est saisi, non par l'autorité judiciaire, mais par l'autorité administrative ; car, suivant la circulaire, l'exécution de l'ordonnance d'extradition est confiée aux agents de l'ordre administratif, et c'est par leurs soins que l'extradé est remis au gouvernement qui le poursuit.

C'est le Chef de l'État, avons-nous dit, qui prononce sur la demande d'extradition. Il tient en effet ce droit du décret du 23 octobre 1811, dont nous avons déjà parlé. Cela est conforme sans doute au principe de souveraineté sur lequel repose le droit d'extradition. Mais il est peut-être permis de regretter qu'on n'exige pas quelque chose de plus. Ainsi en Angleterre l'extradition n'est effectuée que sur le rapport d'un magistrat commis à l'effet d'entendre le fugitif sur les faits mis à sa charge par le mandat d'arrêt ou autre acte judiciaire équivalent. Or, comme le fait remarquer M. Faustin Hélie (tome 2, n° 717), cette vérification des charges de la prévention et de l'identité du prévenu serait assurément une utile garantie pour les droits de la défense et la liberté individuelle. Ce que le gouvernement demanderait à l'autorité judiciaire, c'est la constatation d'un fait, c'est tout au plus un avis; et il se réserverait de statuer suivant sa volonté.

APPENDICE.

DE LA COMPÉTENCE SPÉCIALE ÉTABLIE QUANT AUX CRIMES ET DÉLITS COMMIS A L'ÉTRANGER.

Lorsqu'un crime ou un délit vient à se commettre, aux termes de l'art. 23 du Code d'instruction criminelle, trois tribunaux différents sont compétents pour en connaître : le tribunal du lieu où l'infraction a été commise, — celui de la résidence habituelle du prévenu, — enfin celui du lieu où il peut être trouvé, c'est-à-dire celui du lieu de son arrestation.

En matière de crimes ou délits commis à l'étranger, l'art. 23 devient nécessairement en partie inapplicable ; car alors il ne peut être question de la compétence du tribunal du lieu du crime ou du délit, puisque le fait a été commis sur un territoire où la loi française ne peut avoir d'application. Aussi l'art. 24, visant spécialement le cas où il s'agit d'un crime ou d'un délit commis hors du territoire, attribue-t-il simplement compétence au tribunal dans le ressort duquel le prévenu est trouvé, ou à celui de sa résidence actuelle ou de son ancienne résidence.

Mais une difficulté sérieuse peut se produire :

Supposons le crime commis sur la frontière italienne, à Monaco, par exemple. Le coupable, qui n'a pas de domicile connu en France, est arrêté à Lille ; d'après l'art. 23, le tribunal du lieu où il est arrêté sera, dans l'espèce, le seul compétent pour connaître du crime. Or, on voit de suite quelles difficultés pratiques va rencontrer l'instruction de cette affaire. Il faudra faire venir les témoins de Monaco, c'est-à-dire leur faire traverser la

France d'une extrémité à l'autre ; il faudra s'adresser au parquet le plus voisin du crime pour obtenir les renseignements dont on aura besoin ; on devra procéder par délégations, par commissions rogatoires : de là des frais considérables, des lenteurs aussi préjudiciables à la prompte expédition de la justice qu'à sa bonne exécution.

Ces graves inconvénients que le Code de 1808 n'avait pas prévus n'ont pas échappé au législateur de 1866, qui s'est efforcé d'y remédier autant qu'il était en lui. Dans ce but, il a édicté l'art. 6, aux termes duquel « la Cour de cassation peut, sur la demande du ministère public ou des parties, renvoyer la connaissance de l'affaire devant une Cour ou un tribunal plus voisin du lieu du crime ou du délit. »

Cette disposition dont il faut reconnaître la sagesse, ne fait point, en principe, échec à la règle générale. Au contraire, le législateur déclare, dans le premier paragraphe de l'article (voir page 60), que le tribunal tout d'abord compétent pour se saisir de l'affaire, c'est le tribunal « du lieu où réside le prévenu ou du lieu où il peut être trouvé. »

Mais comme beaucoup de difficultés pourraient résulter, soit pour le ministère public, soit pour la partie lésée elle-même de la grande distance qui peut exister entre le lieu où le coupable a été saisi et celui où il a commis son crime, la loi autorise alors le renvoi de l'affaire devant un autre tribunal qui, à raison de sa proximité de la frontière, pourra plus facilement recueillir les indices, et recevoir les témoignages de ceux qui seront appelés à éclairer la justice.

C'est à la Cour de cassation qu'on s'adresse pour faire cette détermination ; c'est le juge naturel en pareille matière, et l'on est assuré d'avance que, rejetant loin d'elle toute idée d'arbitrage, elle saura, dans sa haute impartialité, concilier les exigences de la justice avec l'intérêt de l'accusé.

POSITIONS

Droit romain.

I. — Une action *rei persequendæ* ou mixte pour le demandeur peut être pénale pour le défendeur.

II. — En cas de concours de deux actions *pœnæ persequendæ,* le demandeur peut intenter les deux actions, et pour le tout.

III. — Les lois 18 *De Duobus reis* et 32 *De Usuris* au Digeste peuvent parfaitement se concilier.

IV. — La loi 27 *De Pactis* et la loi 10 *De Pecunia constituta* (Dig.) péuvent se concilier.

Droit français.

CODE PÉNAL.

I. — L'action civile résultant d'un fait ayant le caractère de crime, délit ou contravention, se prescrit par le même laps de temps que l'action publique, alors même qu'elle est exercée en dehors de cette action et devant les tribunaux civils.

II. — La question de savoir si les héritiers doivent être admis à poursuivre les outrages ou diffamations dirigées contre la mémoire de leur auteur doit être résolue par la distinction suivante : le fait attaque-t-il uniquement la mémoire du défunt, sans atteindre ses héritiers, ou au contraire cause-t-il un dommage personnel à ceux-ci.

III. — On ne doit pas faire retomber sur le complice l'aggravation de peine résultant d'une qualité personnelle à l'auteur principal.

IV. — La présomption établie par l'art. 66 en faveur du mineur âgé de moins de seize ans, est une présomption générale qui ne doit pas être restreinte dans les limites du Code pénal, mais s'appliquer même aux crimes et délits non prévus par ce Code.

V. — La connivence du mari à l'adultère de sa femme ne constitue pas une fin de non recevoir contre sa plainte en adultère.

CODE CIVIL.

I. — La possession d'état ne peut être invoquée comme moyen de prouver la filiation naturelle.

II. — Les étrangers ne jouissent en France que des droits qui leur sont accordés par une disposition expresse ou implicite de la loi française.

III. — En cas de concours de donations faites par un époux *successivement* à son conjoint et à un étranger, pour déterminer l'effet de la seconde libéralité il faut distinguer si la première donation (celle faite à l'époux) peut se prendre sur le disponible établi par l'art. 913, ou bien si on ne peut l'imputer que sur le disponible spécial de l'art. 1094.

IV. — Lorsque le mari, au mépris de l'art. 1428, a aliéné un propre de sa femme sans le consentement de celle-ci, la femme a le droit, même en cas d'acceptation de la communauté, de revendiquer l'immeuble en totalité, mais à charge par elle de contribuer pour moitié à la restitution du prix et au paiement des dommages-intérêts qui peuvent être dus aux tiers.

V. — Le droit conféré par l'art. 2111 aux créanciers et légataires d'une succession, constitue non un véritable privilége, mais un *simple droit de préférence* qui s'exerce à leur profit sur les biens du *de cujus*, à l'exclusion des créanciers personnels de l'héritier.

DROIT COMMERCIAL.

Le créditeur peut stipuler une hypothèque pour la garantie de l'ouverture de crédit qu'il a consenti. — Pour savoir dans quelle mesure, c'est-à-dire jusqu'à concurrence de quelle somme l'hypothèque affecte les biens du crédité, il faut examiner si la convention, en déterminant le *quantum* du crédit, n'en concède l'ouverture que pour un laps de temps déterminé, ou si au contraire elle n'établit aucune condition de temps.

CODE DE PROCÉDURE.

Lorsque, s'agissant d'une demande soumise au préliminaire de conciliation, les parties n'ont pas rempli cette formalité, le tribunal doit, soit sur la réquisition du ministère public, soit d'office, refuser de recevoir la demande et s'abstenir de juger.

DROIT ADMINISTRATIF.

Le propriétaire qui, ayant consenti à l'expropriation de son terrain, poursuit l'administration en règlement d'indemnité ne peut, pour l'exercice de sa demande, suivre la procédure ordinaire, et doit agir par voie de requête.

25 juin 1873.

A. CROUAN.

Vu pour l'impression :

Le Doyen,

E. BODIN.

Vu :

Le Recteur de l'Académie,

MALAGUTI.

ERRATUM.

Le tirage de notre thèse était commencé, lorsque nous nous
sommes aperçu que nous y avions laissé sans les rectifier quelques lignes qui peuvent prêter à l'ambiguïté.

A la page 16, au lieu de ces mots : *Pour expliquer ceci,
prenons un exemple......* jusqu'à : *et par suite il en est de
même*, on lira ceci :

Ainsi, le vol n'était point poursuivi par un *judicium publicum*, mais était considéré comme un simple *délit privé* qui se
poursuivait devant la juridiction civile ordinaire. Toutefois une
action criminelle était cependant donnée contre l'auteur du
délit qui pouvait être poursuivi par un *judicium extraordinarium :* l'action privée à laquelle le délit donne naissance est en
effet infamante, et par suite il en est de même de l'action
pénale.

TABLE DES MATIÈRES